Hans-Peter Kolb

Die Liebe leben und das Leben lieben

Hans-Peter Kolb

Die Liebe leben und das Leben lieben

Geschichten aus dem Leben

Trainerverlag

Imprint

Cover image: www.ingimage.com

Publisher:
Der Trainerverlag
is a trademark of
International Book Market Service Ltd., member of OmniScriptum Publishing Group
17 Meldrum Street, Beau Bassin 71504, Mauritius

Printed at: see last page
ISBN: 978-620-2-49456-4

Für Heidi, Michaela und Daniel

"Wisdom is a virtue of old age, and it seems to come only to those who, when young, were neither wise nor prudent."

„Weisheit ist eine Tugend des Alters, und sie kommt wohl nur zu denen, die in ihrer Jugend weder weise waren noch besonnen."

(Isak Dinesen: in Hannah Arendt, „Menschen in finsteren Zeiten", Piper 1989, S. 130)

„Alles Schöpferische ist unvoraussehbar." (Karl Jaspers)

Inhaltsverzeichnis

Vorwort 7
Frühe Erzählungen 13
Das Leid meines Bruders 21
Das Haus 25
Kindergarten und Schule 29
Studium und Selbsterfahrung 35
Beruf 43
Partnerbeziehungen 49
Meine Kinder 53
Mein Verhältnis zu Kirche und Religion 57
Menschliches Zusammenleben 63
Anhang 1 71
Anhang 2 73

Lebenszeichen

Was tut man nicht alles aus Liebe!
Nichts ist schlimmer als gut gemeint.
Es sind natürliche Triebe,
sagt uns der Geist, der stets verneint.

Im allzu Verlässlichen wohlbehütet
ins kalte Wasser geworfen,
die Stürme des Lebens haben gewütet,
´nen neuen Anfang entworfen?

Eifer, Flucht und Mühsal,
des rechten Weges wohl bewusst.
Wird das Licht auch früh fahl,
so bleibt uns immer noch die Lust.

Dort, wo die Liebe fällt,
Hoffnung wird geboren.
Bleibt Liebe in der Welt,
sind wir nicht verloren.

Das Gute lässt sich nicht erzwingen.
Mehr Licht! Mehr Licht! Mehr Licht!
Das Gute kann nur so gelingen.
Es ist genug. Mehr nicht!

Hans-Peter Kolb

Vorwort

Neulich traf ich einen alten Bekannten – ich will ihn der Einfachheit halber **K** nennen – und nachdem wir uns begrüßt hatten („Na, wie geht´s, was treibst du so, wie geht´s deiner Frau, deinen Kindern und dem Hund?"), sagte er auf einmal: „Du hast doch jetzt schon so einige Bücher geschrieben, und dabei immer nur ziemlich theoretische Themen abgehandelt. Kannst du nicht auch mal was Lebendiges schreiben, Geschichten aus deinem Leben?" Daraus entwickelte sich dann ein Dialog, den ich hiermit versuche, so genau wie möglich aus dem Gedächtnis niederzuschreiben.

H-P (das bin ich): Wie schreibt man eigentlich eine Geschichte? Weißt du da was drüber?

K: Ich habe mal irgendwo gelesen, dass man erst einmal die Fakten zusammentragen muss, um sie dann in einen sinnvollen Zusammenhang zu bringen.

H-P: Was aber sind Fakten?

K: Vielleicht das, was aus dem täglichen Einerlei irgendwie hervorsticht.

H-P: Stimmt. Es geschieht ja immer etwas, und dabei gibt es hin und wieder Ereignisse, die verhindern, dass alles in tödlicher Langeweile versinkt.

K: Das hört sich noch sehr theoretisch an.

H-P: Vor dem Schreiben wie vor dem Reden halte ich es für besser, erst einmal nachzudenken.

K: Na gut. Tu, was du nicht lassen kannst.

H-P: Diese hervorstechenden Ereignisse sind dann die Fakten, welche die Basis von jeder Geschichte bilden. Dann muss ich nur noch versuchen zu verstehen, in welchem sinnvollen Zusammenhang sie stehen bzw. wie sie sinnvoll angeordnet werden können.

K: Erst einmal solltest du verstehen, welche Bedeutung ein bestimmter Lebensabschnitt für dich und für andere hat.

H-P: Und wie im Speziellen er sich in einen größeren Zusammenhang meines Lebens eingliedern lässt.

K: Ich dachte eigentlich nicht, dass du gleich dein ganzes Leben niederschreibst.

H-P: Na ja, zumindest die Geschichten, die mir einigermaßen verständlich sind, sodass meine Leser sie auch verstehen können. Sobald etwas einen verständlichen Sinn macht, kann ich mich damit versöhnen und anfangen, es immer mehr zu lieben.

K: Dann hast du also einen Hintergedanken dabei. Durch Bekenntnisse willst du dich zu erkennen geben und dich zu dir und zu deinem Leben bekennen, um gemocht zu werden, damit du dich selbst besser ausstehen kannst. Sind das nicht schöne Wortspiele, „bekennen" und „erkennen", sowie „ausstehen" und „verstehen"?

H-P: Jetzt wirst du aber abgehoben. Dafür darf ich etwas theoretisch ausholen: Beim Verstehen geht es ja zum einen um ein kritisches Hinterfragen meines eigenen subjektiven Urteils …

K: Selbstkritik ist immer gut.

H-P: … zum andern um das Urteil der anderen, die in das Geschehen verwickelt sind …

K: Schön, dass du die Meinungen anderer auch berücksichtigst.

H-P: … und drittens um eine kritische Auseinandersetzung mit Theorien, die oft einen Allgemeinheitsanspruch erheben, alles zu verstehen.

K: Endlich bist du wieder bei deiner schönen Theorie. Du kennst doch das: „Grau, teurer Freund, ist alle Theorie und grün des Lebens goldner Baum." Ist von Goethe.

H-P: Das sagt aber Mephisto, der Böse.

K: Trotzdem, er ist ja „ein Teil von jener Kraft, die stets das Böse will und stets das Gute schafft", auch von Goethe. Auch im Bösen steckt ein Sinn. Vielleicht entdeckst du das auch in deinem Leben. Ich meine einen allgemeinen Sinn, nicht das Böse.

H-P: Du bist gemein. Außerdem behaupte ich nicht, dass in meinem Leben ein allgemeiner Sinn steckt oder ich ein allgemeines Ziel verfolge. Verschiedene Lebensabschnitte lassen vielleicht einen bestimmten Sinn erkennen, als ob ich bewusst oder unbewusst ein bestimmtes Ziel im Auge hatte, mehr aber auch nicht.

K: Kennst du den Spruch von Goethe: „Ein guter Mensch, in seinem dunklen Drange, ist sich des rechten Weges wohl bewusst."

H-P: Sind wir jetzt im Goethe-Jahr? Fehlt nur noch, dass du mir den Götz zitierst.

K: Ja, aus dem ersten Akt: „Wo viel Licht ist, ist starker Schatten."

H-P: Ich gebe mich geschlagen. Schicksal nimm deinen Lauf! Ich kapituliere.

K: Das kann aber gefährlich sein, wenn man nicht über sein Schicksal nachdenkt und darüber, was man vielleicht Böses getan hat. Du kennst doch das Schiller-Zitat aus Wallenstein: „Das eben ist der Fluch der bösen Tat, dass sie, fortzeugend, immer Böses will gebären."

H-P: Ich will ja jetzt darüber nachdenken. Außerdem kann alles Nachdenken und alle von mir erzählten Geschichten über mich nur vorläufig sein, und ihre Bedeutung bzw. die der Fakten kann sich ständig ändern. Solange ich lebe, hat mein Leben viele Anfänge und noch kein Ende.

K: Das klingt nach einem geflügelten Wort: „Mein Leben hat viele Anfänge und noch kein Ende.“

H-P: Na ja, in jedem Leben gibt es zyklische Lebensprozesse, ähnliche Situationen, in die wir immer wieder hineingeworfen werden, und geradlinig verlaufende Handlungsprozesse, die einen klaren Anfang und ein klares Ende beim Durchbrechen des zyklischen Prozesses haben. In der Schule durchlaufen wir so lange dieselbe Klasse, bis wir durch unser Lernen die Leistung erbringen, in die nächste Klasse versetzt zu werden. Dann durchbricht unsere Handlung des Lernens den zyklischen Lebensprozess in der Situation der jeweiligen Klassenstufe und beendet dort das Lernen.

K: Endlich mal ein Beispiel, das jeder nachvollziehen kann, aber trotzdem noch sehr kompliziert ausgedrückt.

H-P: Wie alles menschliche Handeln ist auch mein Handeln weder perfekt noch irrational, Fehler sind an der Tagesordnung, aber ihnen kann ein Sinn zugeordnet werden, und wenn es nur der ist, dass man aus Fehlern lernt und klug wird.

K: Schön, dass du auch Fehler zugeben kannst. Aber kannst du deinen Handlungen immer einen Sinn geben? Was ist, wenn du nicht daraus lernst?

H-P: Solange ich nichts daraus gelernt habe, ist das Geschehen noch nicht abgeschlossen, und ich muss und werde aller Wahrscheinlichkeit nach denselben Fehler wiederholen, zumindest in abgewandelter Form. Daher stimmt es, dass unseren Handlungen erst dann ein Sinn zugeordnet werden kann, wenn sie beendet sind und wir wenigstens etwas gelernt haben. Vorher kennt nämlich niemand das Ergebnis und das, was gelernt werden kann, denn es kommt in der Regel anders, als man gedacht, geplant und beabsichtigt hat. Das kommt daher, dass noch andere mitmischen und ihren Senf dazugeben. Das kann niemand vorhersehen. Ich weiß also vorher nicht, was ich hinterher neu erkannt und gelernt habe, denn dann hätte ich es ja schon vorher erkannt und gelernt gehabt. – Ist dir das jetzt auch zu kompliziert und unverständlich?

K: Da komme ich gerade noch so mit.

H-P: Ein angemessenes Urteil kann nur der fällen, der das Ganze im Nachhinein aus einer allgemeinen Perspektive, von einem allgemeinen Standpunkt aus betrachten kann.

K: Jetzt hast du aber noch mal gründlich nachgelegt.

H-P: Ich kann noch mehr: Neben den erwähnten Unwägbarkeiten allen menschlichen Handelns, weswegen wir es nur im Nachhinein verstehen und beurteilen können, ihm einen Wert erteilen und danach abwägen können, ob es erzählenswert ist, gibt es noch die Unwiderruflichkeit. Ich kann keine meiner Handlungen, an denen ja immer auch andere noch beteiligt sind, wieder rückgängig machen.

K: Aber wenn ich einen Tisch gebaut habe, der zu sehr wackelt, kann ich ihn doch kleinhacken und einen besseren bauen.

H-P: Das ist ja keine Handlung, sondern da stellst du etwas her, was du wegstellen und wofür du etwas anderes hinstellen kannst. Mit Handlungen meine ich zwischenmenschliche Interaktionen, bei denen Beziehungen betroffen sind. Erzählenswert sind daher insbesondere die Handlungen, durch die ich anderen oder mir selbst etwas Gutes oder Schlechtes angetan habe, und die Erzählung ist dann im negativen Fall gleichzeitig eine Bitte um Verzeihung und das Versprechen, dem verstandenen Sinn zu folgen, um auf diese Weise weniger Schaden anzurichten.

K: Das bedeutet ja Leidminderung, ein hohes Ziel.

H-P: Da jeder, der gründlich über eine bestimmte Handlung nachdenkt, diese kritisch betrachten muss, ist sich jeder denkende Mensch der härteste Richter, und die schwierigste Aufgabe besteht dann darin, sich selbst zu verzeihen. Das ist Selbstliebe, und zu verzeihen, also jemandem etwas nicht persönlich übel zu nehmen, und Versprechen zu geben und möglichst zu halten, sind Handlungen der Liebe.

K: So langsam bin ich immer mehr beeindruckt von dem, was du sagst. Etwas über sein eigenes Leben zu schreiben macht mehr Sinn, als ich zuerst dachte. Das ist nicht nur reine Unterhaltung.

H-P: Du sagst es, und diejenigen, die sich weigern, über ihre Handlungen nachzudenken und sich darüber hinwegtäuschen, was sie tatsächlich angerichtet haben, sind böse Menschen, denen niemand verzeihen und die auch niemand bestrafen kann, da sie ihren Geist getötet und sich selbst dadurch entmenschlicht haben, wie z.B. viele Nazi-Verbrecher. Sie sind keine richtigen Menschen mehr und sollten in Sicherheitsverwahrung gegeben werden, damit sie keinen weiteren Schaden anrichten. Sollten sie sich irgendwann doch dazu entschließen nachzudenken, was sie getan haben, dann kann neu mit ihnen verhandelt werden, bis sie immer echter und unmittelbarer verstehen, was sie gemacht haben.

K: Jetzt wirst du aber politisch. Meine Frau hat zu mir gesagt: „Bei so was muss man aufpassen, dass man nicht ins Visier von Rechtsextremisten kommt, die dich dann umbringen."

H-P: So weit kommt´s noch, dass man nicht mehr seine Meinung äußern darf. Ich hoffe, dass wir noch nicht so weit sind. – Übrigens, wenn ich wie vorhin vom Lieben spreche, so meine ich damit eine Ausrichtung auf eine Utopie, ein Streben nach einem Ziel, dem wir uns zwar nähern können, ohne es aber je zu erreichen, und zwar das echte und unmittelbare Verstehen, wozu wir in dieser Welt sind.

K: Ha, das kenn´ ich von deinem ersten Buch. Werd´ jetzt bloß nicht so theoretisch wie dort!

H-P: Nein, ich lass´ das jetzt weg mit „weniger Todesangst zu haben, weniger mit seinem Schicksal zu hadern und mehr Dankbarkeit im Hier und Jetzt zu empfinden", aber eins muss ich noch loswerden: Zu verzeihen und Versprechen zu geben und zu halten, bringen uns als Handlungen der Liebe immer näher an diese Utopie der vollkommenen Liebe heran.

K: Ja, Versprechen sind Verbindlichkeiten und festigen menschliche Beziehungen, wie z.B. das Ehe-Versprechen.

H-P: Wir könnten alles immer mehr von einem neutralen Beobachter-Standpunkt aus beurteilen, ohne mit unserem logischen Verstand oder unserem „Bauch"-Gefühl in Konflikt zu geraten. In dem, was wir im Allgemeinen als Liebesbeziehungen bezeichnen, könnten wir immer weniger enttäuscht werden und würden ein immer intensiveres „Bauch"-Gefühl in Bezug auf unser Gegenüber bekommen.

K: Okay, das ist vielleicht noch ein neuer Zusammenhang, und ich verstehe, dass bei dir beim Thema Liebe die Pferde durchgehen. Hauptsache du verschreckst nicht diejenigen, für die du schreibst. Aber eines musst du mir noch genauer erklären: Was ist der Zusammenhang von Leben und Lieben?

H-P: Dazu müsste ich zuerst die Bedingungen des menschlichen Daseins schildern.

K: Du meinst die „Condition humaine" oder „The Human Condition", wie der Titel eines englischen Buches von Hannah Arendt lautet. In der späteren deutschen Übersetzung heißt es „Vita activa oder Vom tätigen Leben".

H-P: Genau. Zuerst müssen wir Menschen für unser Überleben sorgen, d.h. arbeiten, uns abmühen und anstrengen. In dieser Bedingung ist auch unsere Sterblichkeit enthalten, denn wir können uns nicht ewig anstrengen, sodass unser Leben dann im Tod endet, wenn wir nicht mehr können. Wie alle intelligenten Affen erleichtern wir uns die Arbeit, indem wir etwas herstellen, z.B. Instrumente, und hinstellen und uns so eine künstliche Welt erbauen.

K: Das mit den Affen will ich überhört haben.

H-P: Wieso? Kennst du nicht den Witz, als der Sohn seinem Vater erzählt hat, dass der Mensch vom Affen abstammt?

K: Ja. Der Vater sagte: „Du kannst meinetwegen vom Affen abstammen, aber ich nicht."

H-P: Also, hab´ dich nicht so. – Bei all den Anstrengungen stellt sich nun die Frage, wozu das Ganze, wofür machen Menschen das, was ist ihr Gewinn, wenn am Ende doch alle tot sind und diese Welt vergeht?

K: Weiß ich auch nicht, warum ich das mache.

H-P: Das machst du, weil du dazugehören willst, weil du auf die Verbindung mit anderen Menschen angewiesen bist, weil du Liebe brauchst. Du brauchst es, dass man dir Fehler nicht persönlich übelnimmt und dass man dir Versprechen gibt und hält, du brauchst es, dass du dich irgendwie auf andere verlassen kannst. Du brauchst diese Handlungen der Liebe und in diesem Sinne Liebe.

K: Klingt irgendwie überzeugend, zu jemandem dazuzugehören, zu lieben und geliebt zu werden. Aber ist das nicht irgendwie auch ein Luxus?

H-P: In gewissem Sinne ja, weil es für das Überleben nicht direkt wichtig ist. Aber Leben ist mehr als Überleben. Liebe macht das Leben erst menschlich, und damit weist die Liebe als Sinn des menschlichen Lebens über unser Leben in unserer selbst geschaffenen Welt hinaus.

K: Das Hinweisen und damit über unser Dasein Hinausgehen ist wohl das, was die Philosophen als Transzendenz bezeichnen, und die Theologen nennen das, worauf hingewiesen wird, das Jenseits im Unterschied zum Diesseits der von Menschen geschaffenen bzw. inzwischen massiv beeinflussten Welt.

H-P: Ja, mit Liebe können wir über uns selbst hinauswachsen bzw. uns transzendieren. Übrigens, wenn Säuglinge und kleine Kinder nicht richtig geliebt werden, können sie schlimme Krankheiten bekommen und sogar sterben. Es gab früher einmal einen Versuch des Pharaos Psammetich, der in Ägypten viele ausgesetzte Säuglinge einsammeln und sie mit allem Überlebensnotwendigen versorgen ließ. Er wollte mit ihrer Hilfe die „Ursprache der Menschheit" herausfinden. Daher durfte niemand mit ihnen sprechen. Tragischerweise starben alle Kinder. Sie fühlten sich wahrscheinlich nicht geliebt. Insofern ist zumindest für uns Menschen Liebe auch zum Überleben wichtig.

K: Ohne Liebe gibt es also kein Leben, zumindest kein menschliches Leben. Um zu leben, muss man Liebe geben und nehmen, in diesem Sinne die Liebe leben und das Leben lieben, das der anderen wie das eigene.

H-P: Genau, das ist es, jetzt habe ich den Titel für mein Buch: „Die Liebe leben und das Leben lieben".

Nach dieser Unterhaltung habe ich mich aufgemacht, um Geschichten aus meinem Leben in einem Buch niederzuschreiben. Dieses Buch soll dabei helfen, sich dem utopischen Ziel der vollkommenen Liebe zu nähern, und zwar so, wie es auch mir selbst geholfen hat, als ich es schrieb. Das ist das, was ich in dem Titel mit „Die Liebe leben" ausdrücken will. Dann kann man auch „das Leben lieben", das der anderen Lebewesen wie das eigene. Wegen meiner Unvollkommenheit werde ich nur die Dinge aus meinem Leben schildern, mit denen ich einigermaßen im Reinen bin, und von denen ich glaube, dass diese Erzählungen anderen von Nutzen sein können. In diesem Glauben und in der Hoffnung, dass die Liebe immer mehr gelebt wird und meine Leser das Leben immer mehr lieben lernen, habe ich meine Lebensgeschichten aufgeschrieben.

Frühe Erzählungen

Was tut man nicht alles aus Liebe

Meine Eltern lernten sich im Kirchenchor der Weinheimer Laurentius-Kirche kennen. Mein Vater, Jahrgang 1924, studierte noch Germanistik für das Lehramt in Heidelberg. Er stammte aus einer sehr katholischen Familie, war aber durch den Krieg derart gereift, dass er keinen dogmatischen Glauben mehr besaß, sondern einen religiösen Bezug gewonnen hatte, der ihm im Krieg den nötigen Halt gegeben hatte, mit den belastenden Erlebnissen umzugehen, als seine Kameraden links und rechts von ihm im Schützengraben starben. Meine Mutter, Jahrgang 1927, war zwar evangelisch getauft, aber während des Krieges zum katholischen Glauben konvertiert, weil sie mit dem Atheismus ihres Vaters nichts anfangen konnte und auch einen Halt brauchte, um ihre Kriegserlebnisse zu verarbeiten, als Jagdbomber das Haus beschossen, in dem sie mit ihrer Familie wohnte. Auf diese Weise bekam ich ein sehr menschliches Verhältnis zur Religion, dass diese für uns Menschen da sein sollte, und nicht wir Menschen für die Religion. Das wurde mir allerdings erst später bewusst, als ich den geistlichen Kurator des Cusanus-Werks, dessen Stipendiat ich wurde, mit der Bemerkung schockte, dass, wenn es Gott nicht gäbe, dieser für uns Menschen erfunden werden müsste.

Nachdem meine Eltern dann zusammengekommen waren und ich im August des Jahres 1950 wahrscheinlich gezeugt worden war, gab es noch einige Hindernisse zu überwinden. Meine Mutter war die älteste von vier Kindern und hatte es nicht leicht, sich gegen ihre drei jüngeren Brüder durchzusetzen, zumal diese von ihrer Mutter bevorzugt wurden. Meine Mutter kam dafür mit ihrem „alten Herrn“ besser klar, ein gebürtiger Ostpreuße, Jurist und Kriegsversehrter aus dem 1. Weltkrieg. Als mein Vater zum ersten Mal in die Familie kam, nahmen die Brüder meiner Mutter ihn beiseite und warnten ihn davor, meine Mutter zu heiraten. Davon ließ sich mein Vater allerdings nicht schocken. Auch dass der Vater seiner Verlobten ihm erst dann das Du anbot, nachdem er sein erstes Staatsexamen bestanden hatte, wusste er mit Humor zu nehmen. Viel schlimmer für ihn war, als er erfuhr, dass sein zukünftiger Schwiegervater so geizig gewesen war, dass er seine Tochter, die er in seiner Anwaltskanzlei angestellt hatte, nicht krankenversichert hatte. Zähneknirschend musste mein Vater deswegen „beim Amerikaner“ arbeiten, um das Geld für meine Geburt zusammenzubekommen, obwohl er in dieser Zeit lieber promoviert hätte. Aber was tut man nicht alles aus Liebe!

Im Kirchenchor übten meine Eltern das Requiem von Mozart ein, sodass dieser Komponist heute noch zu meinen Lieblingen gehört. Ich hatte ihn ja schon im Uterus kennengelernt. Spätestens bei der kirchlichen Hochzeit meiner Eltern am 02.12.1950 verliebte ich mich auch in Orgelmusik. Offiziell als Fünfmonatskind kam ich dann am 30. April des Folgejahres nachts zur Welt, aber nicht in der Walpurgisnacht, sondern kurz nach 01:30 Uhr. In derselben Nacht, allerdings schon am 29. April, war der Philosoph Ludwig Wittgenstein verstorben. War das ein Omen?

Die Ärztin meiner Mutter hatte ihr bei den Geburtswehen noch gesagt, sie solle sich nicht so anstellen, aber als sie meinen großen Kopf sah, meinte sie in kurpfälzischem Weinheimer Dialekt: „Den hätt´ isch ah net krieje wolle.“[1] Als sie dann den Datenschutz meiner Intimsphäre umgehen wollte, indem sie mich hochhielt und nachschaute, ob ich Junge oder Mädchen sei, zeigte ich es ihr, indem ich ihr ins Gesicht pinkelte. Das erfreute meine Mutter so sehr, dass sie alle Geburtsschmerzen und den Ärger über ihre Ärztin vollkommen vergaß. Ähnliche Fähigkeiten, Menschen von Schmerz und Ärger zu befreien, zeigte ich auch bei meiner Omi, der Mutter meiner Mutter. Eines Morgens, als ich mit etwa fünf Jahren bei ihr zu Besuch war, klagte sie über Kopfschmerzen und dass alles so schlimm und ärgerlich sei. Nachdem ich mir das eine Weile geduldig angehört hatte (Sigmund Freud hätte mir wahrscheinlich eine „freischwebende Aufmerksamkeit“ attestiert, obwohl ich nicht schwebte, sondern fest auf einem Küchenstuhl stand), meinte ich zu ihr mit ganz viel Mitgefühl: „Ach Omi, ich glaub´, dein letztes Stündlein hat geschlagen.“ Daraufhin musste sie so lachen, dass ihre Kopfschmerzen und aller Ärger wie weggeblasen waren.

Von meinen ersten Lebensjahren kenne ich eigentlich nur Anekdoten, die man mir erzählte. Die früheste Erinnerung, die ich selbst habe, bezieht sich auf ein Alter von etwa einem Jahr oder etwas früher, ich konnte jedenfalls noch nicht laufen. Ich weiß nur, dass ich an meinem hölzernen Laufställchen so lange herumgespielt habe, bis die Seite, an der ich mich festhielt, umkippte und ich mit ihr hinfiel. Das Gefühl des Fallens habe ich dabei unheimlich genossen, auch wenn der anschließende Bodenkontakt etwas schmerzhaft war. Dann kam meine Mutter und baute wieder alles zusammen. Später erzählte sie mir, dass ich deswegen ins Laufställchen gesteckt worden war, damit ich mich nicht an dem glühend heißen Kohleofen verbrannte. Es muss also Winter oder Frühjahr gewesen sein und ich zehn bis zwölf Monate alt. Nachdem meine Mutter das Laufställchen immer wieder zusammengebaut hatte und ich es immer schneller auseinanderbekam, umschloss sie damit den Ofen und band das Laufställchen auch noch mit einem Seil fest, damit der Ofen vor mir geschützt war.

Etwas deutlich Dramatischeres hatte sich zuvor abgespielt, als ich etwa ein dreiviertel Jahr alt war. Mein Vater hatte mich auf dem Arm und schaute aus dem Fenster hinaus, während ich mich für den Wasserkocher interessierte, der gerade kochte. Also griff ich danach, es muss mit der linken Hand gewesen sein, der Kocher kippte um, und das kochende Wasser ergoss sich über mein linkes Bein. Ich habe heute noch an der linken Seite meines Oberschenkels eine 10 cm lange und 5 cm breite Narbe, an der

[1] Übersetzung: „Den hätte ich auch nicht bekommen wollen.“

ich bewusst zwar noch nie Schmerzen gehabt habe, aber damals als Baby muss das schon sehr gefährlich und schmerzhaft gewesen sein. Zu meinem Glück war eine Ärztin im Haus, die mich versorgte und meinen Vater zur Apotheke schickte, sodass ich trotz Verbrennung dritten Grades noch nicht einmal ins Krankenhaus musste. – Glück gehabt! – Mein Vater, der eher gemütlich war und von seinen Schülern als Pfeifenraucher den liebevollen Spitznamen „der Schlocks mit dem Rotzkocher“ erhalten hatte, habe sich noch nie so schnell bewegt wie damals, als er zur Apotheke raste, erzählte mir später meine Mutter. Vielleicht wäre ich Linkshänder geworden wie meine Mutter, aber nach diesem Vorfall beschloss ich wahrscheinlich eher unbewusst, mich der Mehrheit und meinem Vater anzupassen und Rechtshänder zu werden. Er war sowieso mein großes Vorbild. Schon mit drei oder vier Jahren äußerte ich, ich wolle so wie er werden und eine Brille, eine Glatze und einen dicken Bauch haben. Mit 17 musste ich eine Brille tragen, um mit einem Kleinkraftrad fahren zu dürfen, eine richtige Glatze bekam ich nicht, nur deutlich weniger Haare auf dem Kopf und einen Hubschrauberlandeplatz, wie meine Frau die kreisrunde Stelle auf dem hinteren Teil meiner Schädeldecke nennt, und an dem dicken Bauch arbeite ich noch: bis jetzt kann man ihn nur als ein kleines Feinkostgewölbe bezeichnen. Um mich zu beruhigen, redet meine Frau von einem Baby-Rettungsring.

Aber zurück zu meinen frühesten Erinnerungen: Mit meiner Mutter habe ich mich oft gestritten. Sie hat meine Bedürfnisse zwar nie abgelehnt, ist aber auch nicht richtig darauf eingegangen. Wenn ich ankam, „Mir ist langweilig“, schlug sie mir vor, mit meinen Lego-Bausteinen zu spielen. Widerwillig baute ich ein Haus und kam wieder, „Mir ist langweilig.“ Wir redeten dann vielleicht eine Weile miteinander, bis ich etwas sprachlich nicht richtig sagte oder ausdrückte. Besonders in Erinnerung ist mir der Punkt, ob es „wie“ oder „als“ heißt. Ich sagte oft z.B. „größer wie“, woraufhin sie mich stets verbesserte: „größer als“. Ich ärgerte mich dann über sie, dass sie vom Thema ablenkte, und über mich selbst, dass ich immer wieder diesen Fehler machte. Am meisten aber ärgerte ich mich über sie, wenn sie, sobald ich einen Fehler zugab, „Aha!“ sagte. „Du sollst nicht immer Aha sagen“, rief ich einmal aus. Das hat sie zum Glück schließlich respektiert. Bei allem war sie sehr geduldig mit mir, und ich hätte wahrscheinlich die erste Klasse, in die ich an Ostern 1957 meines Erachtens zu früh eingeschult wurde, nicht geschafft, wenn sie mir nicht immer wieder alles erklärt hätte. Als sie einmal merkte, dass ich wegen unserer endlosen und auch ineffektiven Streitigkeiten keinen Respekt mehr vor ihr hatte – ich sagte, glaube ich, so etwas wie, „Was kannst du denn eigentlich!?“ –, meinte sie, sie sei eine Hexe und könne zaubern. Daraufhin wandte sie einen Zaubertrick an und ließ eine Geldmünze vor meinen Augen verschwinden. Da wurde sie mir auf einmal richtig unheimlich, und ich schaute sie dabei wohl so ängstlich an, dass sie Mühe hatte, nicht zu lachen oder den Mund zu verziehen, wie sie mir später einmal erzählte.

Meinen Vater bewunderte ich rückhaltlos, wie ich oben schon erwähnt habe. Schon sehr früh erzählte er mir beim Zu-Bett-Bringen Geschichten von mittelalterlichen Helden – sein Spezialgebiet im Germanistikstudium war Mediävistik gewesen. An eine Geschichte kann ich mich noch sehr gut erinnern, die ich in keinem Sagenbuch später gefunden habe. Es ging dabei um einen Ritter, der mit einem Zauberer kämpfte. Dieser hatte ihn zum Schluss in einen Spiegelsaal gelockt, sodass der Ritter vor lauter Spiegelbildern des Zauberers nicht mehr wusste, wo sein Gegner sich befand. Daraufhin zerschlug er jeden einzelnen Spiegel, bis nur noch der Zauberer übrigblieb. Diese Hartnäckigkeit und logische Konsequenz beeindruckten mich sehr. Sie entsprachen wohl auch irgendwie dem, wie ich ticke. Ich glaube, sonst hätte ich nicht erfolgreich Mathematik studieren können. Eine zweite Sagengeschichte, die mein Vater mir schon vor der Schule erzählte, und die ich später auch selbst las, war die Geschichte von Siegfried und Kriemhild. Dabei imponierte mir nicht nur die Stärke von Siegfried, sondern vor allem, dass er für seine Liebe zu Kriemhild alle Herrschaftsansprüche aufgab und seinem späteren Schwager Gunther, ohne zu zögern, den Treueid schwor, obwohl er ja der Stärkste von allen war. Aber was tut man nicht alles aus Liebe! Damals wünschte ich mir auch so eine Frau wie Kriemhild, für die ich alles tun wollte.

Die Beziehung zu meinem Vater hatte aber auch eine andere Seite, weswegen ich Angst vor ihm hatte und auch eine unbändige Wut auf ihn entwickeln konnte. Als er mir zum ersten Mal den Hintern versohlte und ich mich regelrecht misshandelt fühlte, fiel ich sozusagen vom Glauben ab, vom Glauben, ihm rückhaltlos vertrauen zu können. Wir wohnten damals noch in Weinheim in einer kurzen Sackgasse, und ich sollte mit meinem Dreirad nicht ganz nach vorne an die Straßenecke fahren, weil dort eine größere Verkehrsstraße mit Autos verlief. Ich fühlte mich aber groß und aufmerksam genug, dass ich schon aufpassen konnte und mir nichts passieren würde. Mein Vater jedoch war nicht meiner Auffassung, die ich ihm gegenüber leider nicht deutlich genug artikulieren konnte, sodass er mir erklärte, wenn ich nochmals zur Straße vorfahren würde, dann würde das passieren, was er jetzt mache, und dann klemmte er mich zwischen seine Beine und schlug mehrfach kräftig auf meinen Po. Innerlich erstarrte ich und wollte nicht glauben, was ich da erlebte. Was tat mein geliebter Vater da mit mir? Das konnte doch nicht wahr sein.

Während ich bei dieser ersten Prügelstrafe noch wie betäubt war, ich weiß noch nicht einmal mehr, ob ich geschrien habe dabei, aber bei allen weiteren derartigen körperlichen Misshandlungen schrie ich wie am Spieß, und hinterher weinte ich vor Wut. Einmal schrie ich sogar, während mein Vater noch in der Küche war, um den Kochlöffel wegzupacken, mit dem er mich verhauen hatte: „Ich bring ihn um!“ Meine Mutter, die neben mir stand, versuchte mich zu beruhigen: „Nicht so laut! Nicht, dass er dich noch hört! Beruhige dich!“ Später erklärte sie mir einmal, dass es meinen Vater immer sehr mitgenommen habe, wenn er mich verprügelt hatte. Geschieht ihm recht, dachte ich damals, warum hat er das auch gemacht. Ich verstehe ja, dass er Angst um mich hatte oder manchmal auch sehr wütend war, z.B. als ich einmal den Kehrbesen unserer Vermieterin für deren Garageneinfahrt vor einen fahrenden Traktor geworfen hatte und das kaputte Teil sorgsam zusammengesetzt wieder zurückstellte. Ich war sicher kein Engel, aber es gibt andere Arten von Sanktionen. Die beste erzieherische Wirkung haben Sanktionen, die ein Kind annehmen kann, aber Prügel kann niemand, ob Kind oder Erwachsener, annehmen. Sie sind einfach demütigend.

Später als Erwachsener habe ich mir öfter vorgestellt, ich hätte mit ihm als Kind diskutiert, etwa folgendermaßen: „Vati, warum werden eigentlich Erwachsene nicht verhauen, wenn sie etwas angestellt haben?“ „Das darf man nicht, das ist Körperverletzung und strafbar“, hätte er dann zugeben müssen. „Und wieso ist das bei Kindern keine Körperverletzung? Warum darf man Kindern so etwas antun?“ Wenn er dann gesagt hätte, dass man Kindern nicht anders beikommen kann, hätte ich ihn gefragt: „Wie kommt man denn Erwachsenen bei?“ „Man steckt sie ins Gefängnis, entzieht ihnen also bestimmte Möglichkeiten, etwas zu tun, oder sie müssen Geld bezahlen und damit andern etwas Gutes tun.“ „Dann kann man doch Kinder ähnlich bestrafen. Man nimmt ihnen z.B. ein bestimmtes Spielzeug für eine Weile weg, schickt sie in ihr Kinderzimmer, damit sie sich überlegen, was sie falsch gemacht haben, oder sie sollen sich nützlich machen und den Eltern bei irgendwelchen Arbeiten helfen. Also warum musst du mich verhauen und dadurch so demütigen?“

Inzwischen nehme ich das Verprügeln meinem Vater nicht mehr persönlich übel, ich weiß, dass er mich bei allem geliebt hat, und wenn er sich dessen bewusst gewesen wäre, was er damals Schlimmes angerichtet hatte, würde er es nicht wieder machen.

Mit die schlimmste Folge gerade auch der ersten körperlichen Bestrafung, als ich etwa vier Jahre alt gewesen bin, war, dass ich derart das Vertrauen in meine Eltern verloren hatte – auch in meine Mutter, die ja meinem Vater nichts entgegengesetzt hatte – dass ich emotional für keinen meiner Eltern mehr offen war. Meine Mutter hat sogar manchmal gedroht, sie würde meinem Vater erzählen, was ich getan hätte, sodass er als Vollstrecker mich dann verhauen würde. Eines Tages meinte ich dann wütend zu ihr, sie selbst könne mich wohl nicht verhauen. Darauf ging sie zum Schrank, in dem sich der Kochlöffel befand, mit dem mein Vater mich verprügelte, und meinte: „Soll ich dir zeigen, dass ich es kann?“ Ich gab dann klein bei, aber sie drohte mir nie wieder mit meinem Vater.

Mein Vater hatte immer wieder das Gefühl, mich nicht erreichen zu können. Das hatte ihm große Sorgen gemacht, wie er mir erst viel später einmal mitteilte. Dabei erinnere ich mich, dass ich ihm einmal eine gute Gelegenheit geboten habe, mir näher zu kommen, er hat sie aber total „verkackt“: Als ich noch in die Grundschule ging und wir im Bollweg bei Fräulein[2] Ida Hohn zur Miete wohnten, habe ich ihn oft von der Schule abgeholt. Einmal war er sehr verschlossen und redete kein Wort mit mir, sodass ich Angst vor ihm bekam. Ich nahm jedoch all meinen Mut zusammen und fragte ihn, ob ich jetzt von ihm verhauen werden würde, wenn wir nach Hause kämen. Er antwortete nicht. Ich fragte ihn wieder und wieder, „Krieg´ ich sie jetzt?“, bis er mich schließlich anschnauzte, wenn ich nicht aufhören würde zu fragen, dann würde ich sie „kriegen“ (die Prügel). Von da an war es mir vergangen, ihn abzuholen. Mich wieder emotional zu öffnen, habe ich erst viel später gelernt, als ich in London Encounter-Gruppen mitmachte.

Am liebsten war ich immer bei meiner oben schon einmal erwähnten Omi. Ich war ihr erster und ihr Lieblingsenkel, und wenn sie konnte, hat sie mir jeden Wunsch erfüllt. Ich wusste das schon mit etwa zwei Jahren, als ich einmal am Dielentisch in der Wohnung meiner Großeltern stand und ein sehr nachdenkliches Gesicht machte. Meine Mutter merkte natürlich sofort, dass etwas nicht stimmte, und fragte mich, ob ich aufs Klo müsste. Darauf antwortete ich in dem Bewusstsein, eine Windel anzuhaben: „Omi wäscht dich lieber.“ Meine Omi war auch die einzige, die sich gegen die „Grausamkeit“ meines Vaters wandte, der meinte, als ich einmal wegen irgendetwas als kleines Baby weinte, man solle mich doch mit meinem Kinderwagen ins Bad schieben, damit ich mein eigenes Geschrei besser hören könne.

Das war der etwas grobe Humor meines Vaters. In der Familie meiner Mutter herrschte eine etwas andere Art von Humor, die vor allem von meinem Großvater, ich nannte ihn Opa Ernst, ausging. Bei einem Antrittsbesuch mit meiner Omi bei ihren Verwandten, hörte man die Dame des Hauses gerade singen, bevor mein Opa klingelte. Der Gesang brach ab, und als die betreffende Dame die Tür öffnete, fragte er, wer denn gerade so geschrien habe. Nachdem meine Omi mich, als ich gerade laufen konnte, aus Versehen einmal etwas gestoßen hatte, sodass ich gegen die Heizung fiel, musste sie sich jahrelang anhören, dass sie gewöhnlich ihre Enkel gegen die Heizung werfe. Bei dieser Art Humor, die den anderen immer wieder piesackt, muss man entsprechende Geduld entwickeln.

Eine kindliche Eigenart, die ich mir nur bei meiner Omi erlaubte, und die ich mir lange Zeit nicht erklären konnte, war ein von mir erfundenes „Spiel“, welches ich mit etwa zwei bis drei Jahren immer wieder inszenierte. Ich sagte auffordernd zu ihr, „Kaffeekanne Küsschen geben“, worauf sie mir eine solche aus Porzellan gab. Ich umarmte sie, gab ihr Küsschen und ließ sie dann wie unter Zwang fallen, sodass sie zerschellte

[2] Damals wurden unverheiratete ältere Frauen mit Fräulein angeredet.

und meine Omi stöhnend die Scherben einsammelte und in den Müll warf. Beim ersten Mal schien es ein Versehen zu sein, aber ich weiß noch, dass ich die Kanne trotz aller Ermahnungen wie unter einem inneren Zwang, gegen den ich selbst nicht ankam, schließlich doch fallen ließ. Die erste und einfachste Erklärung ist, dass ich bei ihr meine Grenzen austesten wollte, ob ich von ihr vielleicht doch wie von meinem Vater bestraft werden würde, was aber nie geschah. Ich hatte bei ihr wohl totale Narrenfreiheit. Vielleicht wollte ich ihr auf diese Weise aber auch mitteilen, dass ich mich von meinen Eltern einerseits geliebt fühlte, so wie ich die Kaffeekanne umarmte und liebte, dass ich mich andererseits von ihnen fallengelassen fühlte, wenn sie nicht richtig für mich da waren – vielleicht waren sie auch überfordert mit ihrem ersten Kind. Wie die Kaffeekanne zerbrach mein Vertrauen zu meinen Eltern (spätestens nach den systematischen Prügelstrafen meines Vaters), zu meiner Omi aber nie.

So großzügig und fast leichtsinnig meine Omi mit Geld umging – wenn sie mit mir Einkaufen ging, kaufte sie mir immer etwas zum Spielen – so geizig konnte Opa Ernst sein. Ich habe mit ihm immer sehr gerne diskutiert, und er offensichtlich auch mit mir. Am meisten lag mir dabei am Herzen, ihn von der Existenz Gottes zu überzeugen, ausgerechnet ihn, der ein überzeugter Atheist war. Offensichtlich machte das aber uns beiden nichts aus. Erst als ich in die Schule gekommen war, habe ich meinen missionarischen Hut an den Nagel gehängt.

Mein Lieblings-Opa aber war Opa Gustav, der Vater meines Vaters. Er las mir immer Geschichten vor. Mein Lieblingsbuch hieß „Hans Eichhorn, der Lausbub“. Das musste er mir immer wieder vorlesen, auch später noch als ich schon längst selbst lesen konnte und in die zweite Klasse ging. Ich habe ihn immer als sehr einfühlsam erlebt. Einmal, als wir bei meinen Großeltern väterlicherseits zum Essen eingeladen waren, es war wohl an einem Weihnachtsfeiertag, ging es mir nicht gut und ich hatte Bauchweh. Ich wollte nichts essen, und alle redeten auf mich ein, ich solle mich doch nicht so anstellen. Da erhob er auf einmal das Wort und sagte: „Lasst den armen Jungen doch in Ruhe!“ Er sprach mir total aus der Seele. Dann stimmte er mit gefühlvoller Stimme das Lied „Heile, heile, Gänsche“ an, und als dann alle miteinstimmten, war ich so gerührt, dass es mir auf einmal viel besser ging und meine Magenschmerzen wie weggeblasen waren. Dafür bin ich Opa Gustav bis heute dankbar. Er war übrigens ein **Dr.** Gustav Kolb und sehr bescheiden. Auch Intellektuelle können viel Gefühl haben und gut mit Kindern umgehen.

Mit Oma Gabi, der Mutter meines Vaters, bin ich nie richtig warm geworden. So offenherzig Opa Gustav war, so scheu bis ängstlich und sehr sparsam war sie, aber nicht geizig wie Opa Ernst, eher ängstlich besorgt. Nur ab und zu konnte sie spitzbübig und lustig sein. Typisch für sie im Unterschied zu meiner Omi war folgende Geschichte: Beide Großmütter passten einmal auf mich auf und gingen mit mir spazieren.

Ich muss etwa fünf Jahre alt gewesen sein. Nach einer Weile wollten sie umkehren, und meinten, ich sei wohl müde, aber ich riss mich los, stampfte mit dem Fuß auf und rief die später noch häufig zitierten Worte aus: „Ich will aber noch nicht nach Hause, ihr zwei Arschlochen.“ Meine Omi beugte sich zu mir herunter und versuchte, mit mir vernünftig zu reden, während Oma Gabi weiterging und so tat, als gehöre sie nicht dazu. Dabei hatte sie Mühe, sich das Lachen zu verkneifen.

Das Interessante an meinem Verhältnis zu meinen Großeltern ist, dass ich ausgerechnet mit den Menschen am besten zurechtkam, mit denen meine Mutter bzw. mein Vater eher Schwierigkeiten hatte. Meine Mutter fühlte sich von ihrer Mutter vernachlässigt, sie sei lieber shoppen gegangen, als sich um sie zu kümmern. Das habe sie dem Dienstmädchen überlassen, die meiner Mutter auch noch Angst gemacht habe, indem sie den Verdacht geschürt habe, dass die Mutter meiner Mutter vielleicht gar nicht wiederkomme. Der Vater meines Vaters sei sehr jähzornig gewesen und habe meinen Vater oft ungerecht bestraft und geschlagen. Dass meine Omi und Opa Gustav so anders zu mir gewesen sind, kann ich mir nur so erklären, dass sie als Eltern sich sehr unter Druck gesetzt fühlten, die Verantwortung für die Erziehung ihrer Kinder zu haben, dass auf jeden Fall etwas aus ihnen wird. Als Großeltern dagegen waren sie von derartigen Pflichten befreit und konnte so ohne großen Stress mir ihre guten Seiten zeigen. Meine Omi musste nicht von zu Hause fliehen, um wenigstens für eine kurze Zeit dem Druck zu entkommen, sondern konnte ganz entspannt mit mir in die Stadt gehen, wobei wir oft noch zusammen in der Weinheimer Altstadt spazieren gingen und sie mir Geschichten von früher erzählte. Und Opa Gustav war Rentner, musste kein Geld verdienen, hatte also auch keinen Stress mehr, war also nicht mehr so überfordert und daher gereizt, sodass er mit mir viel entspannter umgehen und mir aus Kinderbüchern vorlesen konnte. Jähzorn ist übrigens ein Phänomen, was dann auftritt, wenn jemand sich für andere einsetzt, fürsorglich ist und hilft, wo er oder sie kann, sodass sie oder er sich schnell auch überfordert fühlt, und dann plötzlich den Eindruck bekommt, man nütze ihn oder sie nur aus.

Jähzorn flammt plötzlich auf, aber wenn die betreffende Person sich dann beruhigt hat, tut es ihr häufig leid, dass sie die Beherrschung verloren hat. Nicht nur Opa Gustav, auch mein Vater hatte ein derartiges Helfer-Syndrom, wie das oft genannt wird, und neigte zum Jähzorn. Zu meinen Kindern war er auch viel geduldiger und entspannter als zu mir. Wenn man zu viel aus Liebe tut, ist das keine Liebe mehr, denn es verbreitet Leid, auch wenn man das überhaupt nicht will.

21

Das Leid meines Bruders

Nichts ist schlimmer als gut gemeint

Ich denke, das Leid meines Bruders, seine Gehirnschädigung mit der Entwicklung eines ausgeprägten Autismus, hätte verhindert werden können, wenn meine Eltern nicht auf Opa Ernst gehört hätten, der ja auch dafür gesorgt hatte, dass die Schwangerschaft meiner Mutter mit mir nicht ohne Aufregung, Sorge und Ärger verlief, weil mein Vater auf seine Dissertation verzichten und stattdessen Geld für meine Geburt verdienen musste. Dieser Großvater hatte nämlich meinen Eltern eine Hebamme empfohlen, bei der alles billiger sei. Obwohl sich gegen Ende der Schwangerschaft Komplikationen ankündigten, hatte diese es nicht für nötig gehalten, rechtzeitig einen Arzt einzuschalten, sodass meine Mutter fast gestorben wäre und mein Bruder aufgrund von langanhaltendem Sauerstoffmangel einen Hirnschaden bekam. Der gut gemeinte Rat meines Großvaters stellte sich im Nachhinein als sehr fatal heraus.

Ich kann mich noch dunkel daran erinnern, dass meine Mutter sich einmal vor Schmerzen krümmte und ich dann zu Omi und Opa Ernst kam. Das war im November 1956, und ich freute mich nichtsahnend auf ein Brüderchen und darauf, dass ich nicht mehr so allein war. Im vergangenen Winter hatte ich sogar Zucker auf die Fensterbank gestreut, damit der Klapperstorch angelockt wurde, der angeblich die Kinder brachte. Ich glaubte zwar damals weder an den Weihnachtsmann noch an den Osterhasen noch an den Klapperstorch, dachte mir aber, es könne vielleicht helfen, auch wenn man nicht daran glaubte. Es gab ja trotz allem Unglauben Ostereier und Weihnachtsgeschenke.

Dann kam die frohe Botschaft, dass mein Bruder am 21. November geboren war, wir sollten aber noch mit dem Besuchen warten, bis meine Mutter sich von der Geburt erholt hätte. Das Wochenende darauf war es dann soweit. Ich war ganz aufgeregt und hatte für meine Mutter etwas gebastelt, war aber am Vorabend des Besuchs noch nicht ganz fertig geworden. Am nächsten Morgen, als ich weitermachen wollte, hatte meine Omi es schon fertiggestellt. Eigentlich wollte sie mir damit einen Gefallen tun, aber ich war maßlos enttäuscht und wütend. Ich wollte doch ganz allein und persönlich meiner Mutter etwas schenken, und nun war das Ganze irgendwie entweiht. Ich machte also alles rückgängig, was Omi fabriziert hatte, und machte es selbst. Leider ging dabei etwas kaputt, und ich musste es mit einem Heftpflaster notdürftig kleben. Ich war so enttäuscht. Alles schien danebengegangen zu sein. Im Krankenhaus erklärte ich meiner Mutter alles, und zum Glück verstand und tröstete sie mich. Das war übrigens das einzige Mal, dass ich mich über Omi geärgert habe und sie mich überhaupt nicht verstanden hat. Gut gemeint kann manchmal sehr schlimm sein.

Schlimm wurde es auch mit meinem Bruder. Zuerst merkten wir nichts, er schien sich ganz normal zu entwickeln, und ich fing an, Aufsätze darüber zu schreiben, was meine Mutter alles mit ihm machte, wickeln, Fläschchen geben und baden. Beim Aufsatz über das Baden fing ich jeden Satz mit „Und dann“ an, und meine Eltern versuchten mir schonend beizubringen, dass das stilistisch vielleicht nicht so gut sei. Daraufhin war ich derart beleidigt, dass ich nichts mehr schrieb. Die gut gemeinte Kritik war zu schlimm für mich.

Mit etwa zwei Jahren fing mein Bruder an, sich immer wieder an die Schläfen zu schlagen. Auch beim Sprechen fiel auf, dass er von sich selbst immer nur in der dritten Person sprach. Meine Eltern machten sich immer mehr Sorgen und suchten schließlich einen Kinderarzt auf. Nun begann eine Odyssee von Arztbesuchen, und einmal hatten wir Hoffnung, dass alles gut werden würde, und dann zerschlug sich wieder alles, ein Wechselbad der Gefühle, das meine Eltern und mich erfasste. Dass manche Ärzte uns Hoffnung machten, war sicherlich auch gut gemeint, die nachfolgende Enttäuschung aber war sehr schlimm. Als Ulrich dann mit vier Jahren in den Kindergarten kam, wurde schnell klar, dass wir uns mit seiner geistigen Behinderung abfinden mussten und er nicht mehr länger in den normalen Kindergarten gehen konnte, sondern zur „Lebenshilfe e.V.“ musste. Eine entsprechende Einrichtung befand sich aber nicht vor Ort, sodass wir ein Auto brauchten und meine Mutter den Führerschein machen musste, den sie allerdings erst im zweiten Anlauf bekam.

Ein Drama folgte auf das andere: Das Auto, ein blauer VW Käfer, gehörte ursprünglich dem jüngsten Bruder meiner Mutter, der es an einen Autohändler in Weinheim verkauft hatte, von dem wiederum meine Eltern das gute Stück erwarben. Frohen Mutes nach endlich bestandener Führerscheinprüfung stieg meine Mutter nun in jenes Auto ein, das wir auf einem unbenutzten Nachbargrundstück abgestellt hatten, und wollte losfahren, aber der Motor gab keinen Mucks von sich. Es stellte sich dann heraus, dass die Karre nur noch Schrott wert war, und meine Eltern mussten dem Autohändler mit Gericht drohen, damit sie ihr Geld wiederbekamen. Dann gab es einen heftigen Streit zwischen meinen Eltern, der eine ganze Nacht dauerte, und der mich im Kinderzimmer neben dem Elternschlafzimmer immer wieder aufweckte. Schließlich setzte meine Mutter die Waffen einer Frau ein und weinte – ich fand das etwas unfair von ihr – aber der Streit wurde so beendet. Mein Vater wollte wieder ein billiges gebrauchtes Auto kaufen, aber meine Mutter bestand darauf, ein neues anzuschaffen. Nach dem ganzen Ärger, den uns die falsche Sparsamkeit sowohl mit der Hebamme als auch mit dem gebrauchten Auto meines Onkels beschert hatte, konnte ich ihre Meinung gut verstehen. Mein Vater, geprägt von der Sparsamkeit seiner Mutter, hatte es zwar gut gemeint, aber schließlich musste auch er einsehen, dass man nicht an der falschen Stelle knausern sollte.

Etwas später machte dann auch mein Vater den Führerschein, sodass meine Mutter Ulrich nur noch morgens zur „Lebenshilfe“ hinbringen und mein Vater ihn nachmittags wieder abholte. Einmal bei Glatteis baute mein Vater seinen ersten Unfall und schlitterte in einer Kurve in einen Maschendrahtzaun hinein. Das war ziemlich teuer. Je größer und älter Ulrich wurde, desto mehr Aggressionen entwickelte er gegenüber meiner Mutter, und als er dann in die Pubertät kam, mussten meine Eltern ihn schließlich in ein Heim geben. An den Luxus des Autos aber hatten sie sich gewöhnt.

Ich selbst hatte mir ja einen Bruder gewünscht, um nicht mehr so allein zu sein. Da Ulrich aber ein geistig behinderter Autist war, blieb ich allein. In der Zeit, als Ulrich sich gegen den Kopf schlug, konnte er nachts oft nicht schlafen und brüllte häufig, sodass ich nicht schlafen konnte. Ich erinnere mich, dass ich einmal nachts mich angezogen habe und verschwinden wollte. Dann aber bekam ich Angst, mein Vater könnte mich erwischen, und so habe ich mich wieder ausgezogen und meinen Schlafanzug an. Ich hatte gerade meine Schlafanzughose angezogen, da hörte ich ein Geräusch und deckte mich schnell zu. Mein Vater kam herein, zog meine Decke zurück und fragte mich, warum ich das Oberteil ausgezogen hätte. Ich hatte Angst, ihm die Wahrheit zu sagen, und meinte nur, mir sei so heiß geworden. Er deckte mich wieder zu, beruhigte Ulrich und ging wieder schlafen.

Später, als wir in unserem Haus gewohnt haben, habe ich immer wieder versucht, mit Ulrich zu spielen, aber es ging nicht. Meinen Frust darüber habe ich leider immer wieder an ihm ausgelassen und ihn des Öfteren gepiesackt und geschlagen, wenn er nicht so wollte wie ich. Wegen meines schlechten Gewissens deswegen ging ich zur Beichte und betete zur Buße ein paar „Vater unser“ und „Ave-Maria“, aber das löste nicht das Problem. Ich blieb allein, traurig und frustriert. Schließlich bekam jeder von uns beiden sein eigenes Zimmer, und ich ließ ihn in Ruhe. Das schlechte Gewissen plagte mich aber trotzdem noch, vor allem, wenn ich merkte, dass Ulrich vor mir Angst hatte. Es ging ihm mit mir wohl so ähnlich wie mir mit meinem Vater. Dass ich diese Angst an ihn weitergegeben habe, tut mir heute noch leid.

Heute lebt Ulrich in einem geschlossenen Heim, und ich habe nach dem Tod meines Vaters die Betreuung für ihn übernommen. Aufgrund seiner geistigen Behinderung ist er nicht fähig, allein zu leben, und wird es auch nie sein. Wenn ich ihn sehe, erschrecke ich manchmal, weil wir uns schon ähnlichsehen und gewisse Gesten und Bewegungen wahrscheinlich von unserem Vater übernommen haben, und ich frage mich, wie es mir wohl an seiner Stelle gehen würde, wenn ich der Autist wäre und nicht er. Dann werde ich sehr traurig.

Das Haus

Im allzu Verlässlichen wohlbehütet

Meine Eltern wohnten anfangs zur Miete und hatten immer wieder Ärger und Stress mit ihren Vermietern, meistens alleinstehende bzw. durch den Krieg verwitwete und verbitterte ältere Frauen. Dabei gab es manchmal auch groteske Situationen. In einer der ersten Wohnungen, an die ich mich nicht erinnere, weil ich noch zu jung war, ereignete sich eines Nachts ein Erdstoß. Das kam in Weinheim, einer Stadt am Rand des Grabenbruchs der rheinischen Tiefebene öfter vor. Daraufhin krachte die Bettcouch zusammen, in der meine Eltern zusammen schliefen, was einen zusätzlichen lauten „Rums" ergab. Dadurch aus dem Schlaf gerissen rief die Vermieterin, die im Erdgeschoss unter uns wohnte, halb erschreckt, halb verärgert: „Was machen Sie denn da!?", als ob meine Eltern es wie wild miteinander getrieben hätten.

Nach neun Jahren des Wohnens in derartigen Mietverhältnissen, in denen die Intimsphäre aufgrund starker Hellhörigkeit nicht richtig geschützt war, beschlossen meine Eltern, eine günstige Gelegenheit zu ergreifen und ein Haus zu bauen. Die Baufirma hatte den passenden Namen „Neue Heimat" und baute Doppelhäuser in einem neu erschlossenen Baugebiet etwas außerhalb des historischen Stadtkerns von Ladenburg. Mein Schulweg verdoppelte sich zwar dadurch, dafür durfte ich mit dem Fahrrad zur Schule fahren, wodurch dieser Nachteil wieder ausgeglichen wurde.

Vom Sternzeichen eine ordentliche Jungfrau, rechnete mein Vater die Kosten genau nach und kam zu dem Ergebnis, dass wir dann mit 500 DM im Monat auskommen müssten. Nachdem meine Mutter, vom Sternzeichen ausgleichende Waage, damit einverstanden war, ging es los. Ich selbst, astrologisch ein genau beobachtender Stier, war fasziniert, wie die Handwerker das Haus bauten, und merkte mir viele Einzelheiten, sodass ich, als mein Vater einmal eine Rechnung vorlas, bei der die Ausführung einzelner Gewerke beschrieben war, Einspruch erhob und schilderte, was tatsächlich gemacht worden war. Mein Vater konnte dadurch die Rechnung kürzen. Bei der Fertigstellung des Hauses leistete mein Vater vieles in Eigenarbeit, und auch ich durfte eine Kachel hinter der Badezimmertür verlegen. Um das Dach zu decken, mussten die unterhalb der Baustelle angelieferten Dachziegel nach oben gebracht werden. Dazu bildeten wir eine Kette, bei der noch zwei Freunde von mir mithalfen. Nachdem auf diese Weise jeder etwas zum Gelingen beitrug, konnten wir schließlich etwa ein Jahr nach Baubeginn einziehen.

Wer jetzt gedacht hätte, dass die Anstrengung und der Stress vorbei seien, der hatte sich gründlich getäuscht. Als erstes war der Garten dran. Ich hatte mich auf einen schönen großen Rasen gefreut, auf dem ich mit Freunden Fußball spielen konnte, aber stattdessen schleppte mein Vater so ein komisches Zeug an, was billig war, aber keinen richtigen Rasen ergab. Weil das Unkraut dann wuchs, wo die von meinem Vater und mir eingegrabenen Rasenwurzeln nicht angegangen waren, musste ich es jäten, sodass mir die Freude am Garten endgültig verging und ich aus Protest schließlich alles Kraut entfernte. Ich wurde dann von der Gartenarbeit wegen erwiesener Untauglichkeit entbunden und habe bis heute ein gestörtes Verhältnis zur Gartenarbeit. Ich konnte noch nicht einmal eine gewisse Genugtuung empfinden, als mein Vater sein gesamtes Rasenexperiment umgrub und ganz konventionell Rasen aussäte.

Unglücklicherweise fielen die nachfolgenden Umbauarbeiten in meine Pubertät, als ich genug mit mir selbst, der Schule und den Beziehungen zu Gleichaltrigen zu tun hatte. Alles war im Wandel, auch unser Haus bzw. mein Zuhause. Was mir immer wieder dabei half, wenigstens nachts meine Ruhe zu finden und zu schlafen – die Probleme mit meinem Bruder waren ja immer noch da – waren meine Träume, nicht Nachtträume, sondern Tagträume. Anfänglich stellte ich mir vor, wir hätten das kleine Feld hinter unserem Grundstück gekauft und ich hätte dort ein wunderschönes schwarzes Pferd wie Fury. Es ließ sich nur von mir zähmen, und ich konnte mit ihm unglaublich schnell reiten und über alle Hindernisse hinwegspringen. Dann träumte ich davon, ein eigenes Boot aus Holz zu bauen. Ich hatte sogar schon begonnen, die Sitze samt dreieckiger Unterkonstruktion zu bauen, musste dann aber aufgeben, weil die Seitenbretter sich nicht so biegen ließen, wie ich es gedacht hatte. Unser Haus, das auch für mich zuerst Befreiung bedeutet hatte – mehr Platz und ich musste nicht immer leise sein, damit unsere Vermieterin nicht gestört wurde – erwies sich immer mehr als Gefängnis, aus dem ich mit allen Mitteln ausbrechen wollte, auch wenn mir dies vorläufig noch nicht gelang.

Einmal empfand ich unser Haus auch als Falle: Meine Eltern waren ausgegangen, und ich lag im Bett und bekam plötzlich Bauchschmerzen. Da erinnerte ich mich, dass ich Kirschen gegessen und später viel Wasser getrunken hatte. Zudem fiel mir dabei noch ein, dass ich als kleines Kind von Nachbarn einmal Kirschen zu essen bekommen und danach heftige Koliken bekommen hatte, nachdem mir meine Eltern Wasser zu trinken gegeben hatten, nichtsahnend, dass ich vorher die Kirschen gegessen hatte. Das machte mir große Angst, und ich wusste nicht, was ich tun, wie ich mir helfen konnte. Meine Eltern waren nicht da, ich konnte sie nicht erreichen, ich war gefangen im Haus, zumindest fiel mir nicht ein, dass ich aus dem Haus hätte gehen und Nachbarn um Hilfe bitten können. Schließlich ergab ich mich in mein Schicksal und dachte nur noch, wenn der liebe Gott will, dass ich jetzt sterbe, dann soll es wohl so sein. Mit diesem Gedanken schlief ich ein und wachte am nächsten Morgen geheilt und lebendig auf. Das gab mir so viel Gottvertrauen, dass ich danach wegen Krankheiten nie wieder zu große Angst hatte. Sich in sein Schicksal zu ergeben, wenn man nichts mehr tun kann, das empfehle ich immer wieder auch meinen Patienten.

In Bezug auf unser Haus waren es aber nicht nur die äußeren Mauern, die mich einengten, ich kam irgendwie auch aus mir selbst nicht richtig heraus. Bis dahin war ich wohlbehütet aufgewachsen, meine Eltern wollten nur das Beste für mich, aber wenn noch nicht einmal ich wusste, was das war, wie sollten sie es wissen? Einerseits konnte ich mich voll und ganz auf meine Eltern verlassen, andererseits war dieses Zuverlässige, dieses allzu Verlässliche, wie festgemauert und unhintergehbar für mich. Vor allem mein Vater hatte es ab und zu ja immer auch mit körperlicher Gewalt in Form von Prügelstrafen versucht, mich von Dingen abzuhalten, bei denen er Gefahr witterte. Das hatte, wie schon erwähnt, mein Vertrauen in ihn derart erschüttert, dass ich der Meinung war, dass er überhaupt nicht wusste, was wirklich gut war. Entsprechend suchte ich ihm das zu beweisen. Beim Schachspielen gelang mir das ziemlich bald, Diskussionen um den Marxismus endeten aber einmal damit, dass er mir unterstellte, ich würde für eine Ideologie Vater und Mutter verkaufen. Das war ein Tiefschlag für mich, sodass ich über dieses Thema nicht mehr mit ihm redete. Bei einer öffentlichen Diskussion an der Schule, an der er Lehrer und ich Schüler – aber nie bei ihm – war, bezeichnete ihn ein Heidelberger Student vom SDS (Sozialistischer Studentenbund) als resignierten Liberalen, und dieses Etikett war für mich die rationale Begründung dafür, dass es sinnlos war, mit ihm über Marxismus oder Kommunismus zu diskutieren.

Mit einem ambivalenten Vaterverhältnis im Rücken und einer Kultur ineffektiver Streitigkeiten mit meiner Mutter hatte ich auch kaum Zugang zum anderen Geschlecht, eine weitere Mauer, die mich während meiner Pubertät ziemlich hoffnungslos machte. Meine einzige Strategie in Bezug auf Mädchen war, dass ich ihnen zeigte, wie gut ich helfen konnte, dass es allen möglichst gut ging. Heute weiß ich, dass dies insofern vollkommen kontraproduktiv war, weil bei der traditionellen Rollenverteilung von Mann und Frau, die damals noch wesentlich weiterverbreitet war als heute, die Frau die Aufgabe übernimmt, dafür zu sorgen, dass es allen möglichst gut geht. In der Sozialpsychologie nennt man diese Rolle die des „social-emotional leader" im Unterschied zur typisch männlichen Rolle des „task leader", der dafür sorgt, dass die Gemeinschaft gegen Gefahren von außen geschützt ist und alles Notwendige von außen der Gemeinschaft zur Verfügung steht. Warum ich ausgerechnet die typisch weibliche Rolle ausfüllte, will ich im nächsten Kapitel verständlich machen.

Kindergarten und Schule

Ins kalte Wasser geworfen

Als ich mit vier Jahren in den Kindergarten kam – zuerst noch in Weinheim, ein halbes Jahr später dann in Ladenburg – muss das für mich ein Schock gewesen sein. Ich kann mich zwar nicht direkt erinnern, aber ich weiß, dass ich beim Zählen immer mit der Zahl Vier Schwierigkeiten hatte, und als ich mit fünf schon bis hundert und immer weiter zählen konnte, kam ich bei 39 ins Stocken und konnte mir nie die Zahl Vierzig merken. Ich weiß noch, wie ich immer wieder von eins bis 39 zählte und dann meinen Vater fragte, wie es weiterging, bis er die Geduld verlor und mehrmals „vierzig, vierzig, vierzig" brüllte. Ich bekam daraufhin einen riesigen Schreck und Angst vor ihm, aber danach konnte ich durchgängig zählen. Meine Schwierigkeiten mit der Zahl Vier hatten aber noch einen zweiten, viel tieferen Grund: mit vier Jahren war ich von meinem Vater zum ersten Mal verprügelt worden, wie ich schon im ersten Kapitel erzählt habe. Der Kindergarten wurde dann zusätzlich mit Angst besetzt, weil mich ein älteres Kind dort tyrannisierte, indem es mir Prügel androhte. Insofern war die Vier doppelt und dreifach mit Schrecken und Terror verbunden.

Abgesehen von der mich belastenden Prügelerfahrung durch meinen Vater bestand mein Problem im Kindergarten und in der Grundschule noch darin, dass ich ein zu schmächtiges Kerlchen war, um mich körperlich gegen andere durchzusetzen. Ich war damals so dünn, dass unser Hausarzt in Ladenburg nicht mehr wusste, wo er mir eine Spritze geben konnte, wenn ich krank war, außer in den Oberschenkel. Meine Ärmchen waren nur Haut und Knochen. Von daher ging ich immer mit Angst in den Kindergarten. In der Grundschule war es schon etwas besser, weil ich mich dort mit dem Stärksten in unserer Klasse anfreunden konnte. Er brachte mir übrigens bei, wie man vom Penis die Vorhaut zurückziehen konnte, sodass ich deswegen wahrscheinlich keine Phimose bekam bzw. die bei 96% aller Kleinkinder bestehende physiologische Phimose nach ein paar Übungen meinerseits vollständig beseitigt war, und das schon im zarten Alter von sechs Jahren.

Die Freundschaft dauerte aber nicht lange. Er lud mich ein paar Mal ein zu sich nach Hause, und dann schlief das Ganze ein. Grund dafür war wohl folgendes: zum einen wohnte er sehr weit außerhalb, da sein Vater am Stadtrand eine Gärtnerei besaß, sodass ihn am Anfang der ersten Klasse kaum jemand besuchen wollte, zum andern ging ich nicht auf andere zu, sondern wartete ab, wer mir wohlgesonnen war und mich einlud. Im Nachhinein betrachtet war mein Verhalten gegenüber Jungs von Angst geprägt, ob ich bedroht oder geschlagen werde. Kam jemand freundlich auf mich zu, war alles gut, ansonsten ging ich in Deckung. Konkurrenzkämpfe trug ich über Ballspiele aus, später machte ich auch gerne Ringkämpfe, aber nur nach festen Regeln, dass man sich nicht gegenseitig weh tat. Direkten Auseinandersetzungen ging ich konsequent aus dem Weg. Ich hatte kein Vertrauen, dass der andere, wenn ich mich besiegt gab, aufhören würde, mir weh zu tun. Es war die pure Angst vor Vernichtung, die ich zum ersten Mal gegenüber meinem Vater erlebt hatte, als er mich verprügelte und nicht auf mein Schreien reagierte, sondern weitermachte. Keinerlei Kontrolle über das Verhalten anderer zu haben, die einen quälten, dieser erlebte Kontrollverlust war die Quelle meiner Angst.

Die erste Prügelstrafe, die ich bekam, war ja, weil ich uneinsichtig, also dumm war. Ich war so dumm, mich in Gefahr zu begeben, dass mich ein Auto hätte überfahren können. In der Folge habe ich jede Strafe als Aufforderung für mich betrachtet, in Zukunft klüger zu sein, also mich nicht mehr erwischen zu lassen oder Gefahren früher zu erkennen. Dass es auch soziale Konflikte gab, z.B. zwischen meinem Freiheitsdrang und der Angst meines Vaters, dass ich auf Gefühle von anderen bzw. von meinen Eltern Rücksicht nehmen sollte, war mir nicht klar. Es hatte mich im Alter von vier Jahren auch überfordert, ohne ausgiebigen Austausch mit meinen Eltern zu verstehen, um was es ihnen ging. Ich war nicht dumm, ich konnte diesen Aspekt nicht verstehen. Das sollte mir später noch viele Schwierigkeiten bereiten.

Für mich selbst war ich im Reinen, es gab Richtig und Falsch, und für etwas Falsches gab es Prügel. Dass es auch Gut und Böse unabhängig von Richtig und Falsch gab, verstand ich nicht, Richtig war gut und Falsch war böse. So wurde ich klug, aber nicht weise. Ich konnte vieles immer besser erkennen. Logische Zusammenhänge und Gesetzmäßigkeiten faszinierten mich, sodass ich schließlich gut Schach spielen konnte und ein Mathematik-Ass wurde. War etwas logisch, dann war es für mich gut. Ich weiß noch, dass mein Vater einmal meinen Rechenlehrer aus der Grundschule zu uns nach Hause einlud, von dem ich begeistert war, weil er Wettrechnen mit uns machte und die Besten dann keine Hausaufgaben hatten. Mein Vater war wegen dessen pädagogischen Auffassungen entsetzt. Mein Rechenlehrer verprügelte nämlich die schlechten Schüler, weil er sie für faul und renitent hielt. Ich war überrascht, dass mein Vater ihn ablehnte, weil ich die beiden für sehr ähnlich hielt. Das verblüffte wiederum meinen Vater sehr. Leider haben wir darüber nie richtig geredet. Ich dachte nämlich so: Beide bestraften doch die Dummen, mein Vater mich, wenn ich aus Leichtsinn Dummheiten machte, und dieser Lehrer die Schüler, die aus Dummheit nicht lernen wollten.

Weil ich so sehr auf das Logische fixiert war, konnte ich mich sehr schnell in alle logischen Systeme der Mathematik hineindenken, ohne mich um Sinn und Bedeutung zu kümmern. Ich hielt das für eine Stärke, was es in Bezug auf Mathematik auch war, aber es war eine große Schwäche, was das Zwischenmenschliche betraf. Ich konnte und wollte nicht vernehmen, was mir die verschiedenen Menschen und ihre Beziehungsangebote an mich sagen wollten bzw. was das alles bedeuten sollte, wie es

Sinn machen konnte, ob es gut oder schlecht bzw. böse war. Da von „vernehmen“ das Wort Vernunft kommt, hatte ich also keine und verhielt mich immer wieder ziemlich unvernünftig, wie weiter unten noch zu schildern ist. Weil alles Logische gut war für mich, hätte ich Nazi oder Kommunist werden können. Ich wurde jedoch erst einmal Messdiener.

Okay, Scherz beiseite, Witz war eine weitere Strategie, wie ich danach strebte, eine gewisse Anerkennung und Beliebtheit in der Schule und auch später zu bekommen: ich war witzig und unterhaltsam, ich versuchte wenigstens, es zu sein, aber Klassenclown wollte ich auch nicht werden. Ich wollte es mir mit den Lehrern nicht generell verscherzen, zumal sie auf dem Gymnasium die Kollegen meines Vaters waren. Ich unterhielt teilweise auch die Lehrer. Als wir in der vierten Klasse in Deutsch zu jedem Buchstaben des Alphabets Wörter suchten und aufschrieben, als Hausaufgabe dann zu jedem Wort einen Satz aufschreiben sollten, in dem es vorkam, und in der nächsten Stunde die Sätze laut vorlesen sollten, meldete ich mich beim Buchstaben „K“ und las unter anderem den Satz vor: „Ich habe schon einmal geküsst.“ Die Lehrerin wurde rot und die Klasse brüllte vor Lachen. Heute würde man wahrscheinlich mit so etwas in einer vierten Klasse keinen Hund hinter dem Ofen hervorlocken, aber 1960 war man noch sehr prüde.

Bisher habe ich nur die Beziehungen zu gleichaltrigen Jungs geschildert – eigentlich waren die meisten ein knappes Jahr älter, da ich Ostern 1957 knapp vor meinem Geburtstag eingeschult worden war. Damals bis in die sechste Klasse wurde die Rangfolge unter Jungs noch wesentlich durch körperliche Auseinandersetzungen bestimmt, und da war ich aufgrund meiner Angst und meiner Physis deutlich im Nachteil. Ganz anders ging es mir mit Mädchen. Die rauften vielleicht, schlugen aber nicht so hart zu wie Jungs. Mein Interesse am Kontakt mit Jungs beschränkte sich auch auf Wettspiele, während bei Mädchen war da ab der zweiten Schulklasse noch etwas anderes. Ich spürte es rein körperlich als ein sehnsüchtiges Ziehen im Bauch, was irgendwie auch mein Herz erfüllte. In der zweiten Klasse kam ein Mädchen zu uns, deren Eltern von Bremen nach Ladenburg gezogen waren. Ich verliebte mich sofort in sie, wusste aber nicht, wie ich in Kontakt kommen konnte mit ihr. Zum Glück wohnte ein Spielfreund von mir in ihrer Nähe und wusste, wo sie wohnte, sodass wir sie zu zweit besuchten. Sie schien mich auch zu mögen, zumindest lieber als meinen Freund, sodass wir beide bald ohne ihn spielten und sie mich mit zu sich in die Wohnung nahm. Ihre Mutter war auch ganz nett zu mir. Ich war so gern mit ihr zusammen, dass ich, als ich sie einmal nachmittags zu Hause nicht antraf, mehrere Stunden auf sie wartete, und das sogar, obwohl es dann anfing zu regnen. Schließlich kam sie mit ihren Eltern zurück, und ich wurde in die warme und trockene Wohnung geführt, erstaunt über mein geduldiges Warten. Leider zogen ihre Eltern nach diesem Schuljahr mit ihr wieder zurück nach Bremen. Ich habe noch eine ganze Weile deswegen getrauert.

Danach habe ich immer wieder Mädchen von mir aus angesprochen, ob sie mit mir spielen wollten. Eines Tages kam ein Schulfreund dahinter, dass ich mit einem Mädchen mich traf und hänselte mich, dass ich mit Mädchen spielte. Das war damals noch verpönt und hätte den Spott und vielleicht auch noch Aggressionen aller Jungs auf mich gezogen. Daher leugnete ich, stritt alles ab und traf mich auch nicht mehr mit Mädchen. Er aber blieb hartnäckig und verlangte Beweise. Er hatte einen Lippenstift seiner Mutter entwendet und verlangte von mir, dass ich jenes Mädchen damit im Gesicht anmalen sollte. Nach langem Hin und Her, und weil er damit drohte, es allen zu erzählen, rang ich mich durch, ging mit dem Lippenstift auf sie los, traf aber ihre schöne weiße Mütze. Das gab natürlich Konsequenzen, ich bekam eine Strafarbeit und musste nachsitzen, da das Ganze sich auf dem Schulhof abgespielt hatte, und musste schließlich eine neue Mütze von meinem Taschengeld bezahlen. Wenigstens gab mein Klassenkamerad nach dieser Aktion Ruhe. Nicht zu erwähnen, glaube ich, brauche ich, dass Spielen mit Mädchen von da an für mich tabu war.

In meinem fünften Schuljahr, der ersten Klasse Gymnasium, als es immer weniger um schlagkräftige Durchsetzung ging, um in der Klasse beliebt zu sein, machte ich einen riesengroßen Fehler, der mich, was meine Stellung in der Klasse betraf, bis zum Ende meiner Schulzeit brandmarkte, zumindest habe ich mich so gefühlt. Wie oben erwähnt, war ich sehr intelligent – ängstliche Menschen sind oft intelligent – aber auch mindestens genauso unvernünftig, ich vernahm z.B. nicht, was andere von mir wollten, bzw. ging darauf kaum ein. So nahm das Unglück seinen Lauf: Von meiner Mutter geerbt, hatte ich schwache Fußgelenke und knickte schnell um. Ich humpelte eine Weile, aber dann war es meistens auch wieder gut. Das war ich schon gewohnt. Wir machten nun im Gymnasium unseren ersten Schulausflug, und ziemlich am Anfang knickte ich um und humpelte. Darauf kamen viele meiner Klassenkameraden und wollten mir alles Mögliche, was ich mitgenommen hatte, abnehmen. Mein Rucksack wurde immer leerer und leichter, bis ihn auch jemand für mich trug. Schließlich trugen mich jeweils zwei Jungs abwechselnd, damit ich nicht weiter meinen Fuß belasten musste. Ich wollte zuerst nicht, weil ich ja wusste, dass das Humpeln nur vorübergehend war, aber ich wurde überredet, dass es für mich doch besser sei, wenn ich die Hilfe annehmen würde. Wir machten dann irgendwann Rast, und ich merkte, dass mein Fußgelenk wieder in Ordnung war. Als die Jungs dann Fußball spielten, kickte ich kräftig mit, und als manche sich wunderten, wieso es mir auf einmal wieder gut ging, und ob ich mich nicht besser schonen sollte, erwiderte ich, es sei alles gut, ich würde es schon merken, wenn noch etwas wäre. Danach nahm ich wieder mein ganzes Gepäck und marschierte bis zum Ende des Ausflugs ganz normal weiter. Für mich war alles klar und logisch, und dass andere dem ganzen Geschehen vielleicht eine Bedeutung unterstellen könnten, bzw. dass ich mir selbst Gedanken gemacht hätte, was ich da vielleicht für einen Eindruck gemacht habe, das fiel mir nicht im Traum ein. Meine Klassenkameraden unterstellten mir nämlich, ich hätte sie absichtlich ausgenutzt und nur so getan, als hätte ich mich am Fußgelenk verletzt. Entsprechend wütend waren sie auf mich, und ich bekam einen Tag später Klassenkeile: jeder haute mir eine runter. Danach war ich der Heuchler, Betrüger, Simulant usw., d.h. mein Ruf war restlos zerstört. Ein, zwei Klassen über mir haben mich welche einerseits bewundert, dass ich andere so habe manipulieren können, andererseits aber hätte ich mich am Ende so dumm angestellt, dass man mich durchschaut habe. Beide Interpretationen sind aber falsch, wahrscheinlich weil niemand sich vorstellen konnte, wie beschränkt ich tatsächlich war.

Ich erkannte natürlich, was geschehen war, aber ich kapierte nicht wirklich, worum es ging. Ich fühlte mich nur missverstanden und merkte, dass ich mich nicht verständlich machen konnte. In gewisser Weise ähnelte die Situation der, als ich nicht darauf hören wollte, dass meine Eltern nicht wollten, dass ich mit meinem Dreirad so nah an die Verkehrsstraße fuhr. Damals konnte ich mich meinem Vater gegenüber auch nicht verständlich machen bzw. er wollte mich wahrscheinlich auch nicht verstehen, genauso wenig wie meine Klasse. Diese Vermutung bzw. Übertragung begrenzte mein Vertrauen in meine Klassenkameraden, dass ich mich ihnen gegenüber nicht richtig verständlich machen konnte. Im Nachhinein sehe ich ein, dass ich nicht in der Lage war, sowohl meinen Vater als auch meine Klassenkameraden auf einer tieferen Ebene zu verstehen. Ich hatte nicht gelernt bzw. meine Eltern hatten mir nicht vermittelt, dass durch mein Verhalten eine falsche und schlimme Vermutung aufkommen kann, die Vermutung und Vorstellung, dass mir die Gefühle anderer egal sind.

Ich trachtete nunmehr lediglich oberflächlich danach, meinen Ruf zu verbessern, indem ich bei allen folgenden Klassenausflügen anderen, vor allem den Mädchen, das Gepäck abnahm und trug, sodass ich sozusagen wieder gnädig aufgenommen wurde und der Gefahr des Ausgestoßenwerdens entging. Später machte ich mich dann nützlich, indem ich meinen Nachbarn im Unterricht vorsagte oder sie bei Klassenarbeiten abschreiben ließ. Einem Banknachbarn habe ich sogar eine ganze Mathe-Arbeit ausgerechnet – wir bekamen dieselben Aufgaben, aber mit verschiedenen Zahlen – sodass sich unser Mathe-Lehrer meinem Vater gegenüber wunderte, wieso ich so lange gerechnet hatte, die Arbeit sei doch nicht so schwer gewesen. Mein Nachbar hatte in dieser Arbeit seine beste Mathe-Note. Diese Handlungsweise, zu helfen und mich nützlich zu machen, habe ich noch lange beibehalten, und selbst heute falle ich noch ab und zu dorthin zurück.

Psychoanalytisch würde meine Strategie, wie ich mit meinen Problemen mit meinen Klassenkameraden umging, als Abwehr- und Bewältigungsstrategie bezeichnet werden. Einerseits wehrte ich meine negativen Empfindungen ab, indem ich mir selbst bewies, dass ich anderen helfen konnte, andererseits bewältigte ich negative Erwartungen, dass ich ausgestoßen werden könnte, indem ich von anderen dankbare Reaktionen bekam. Hinter dieser Strategie aber versteckte ich mich selbst, sodass mich niemand richtig wahrnehmen und auch nicht um meiner selbst willen annehmen konnte. Die Probleme waren nicht wirklich gelöst und konnten jederzeit wieder aufbrechen, wenn ich mit dieser Strategie aufhörte und mich selbst mit meinen Bedürfnissen und Belangen mehr zeigte.

Studium und Selbsterfahrung

Eifer, Flucht und Mühsal

Ich hatte dank meiner Eltern ein derart gutes Abitur hingelegt, dass ich alles hätte studieren können, sogar Medizin, wobei da der härteste Numerus clausus bestand. Das war so gekommen: in der zehnten Klasse – bei uns am Gymnasium hieß das Untersekunda – war ich ziemlich faul, lernte nichts zu Hause und machte die Hausaufgaben nur in den Pausen, indem ich von anderen weitgehend abschrieb. Mein Englisch-Lehrer war nun der Meinung, ich könnte besser in Englisch sein, und ging zu meinem Vater, sie waren ja Kollegen an derselben Schule. Er gab ihm ein Buch mit englischen Essays, damit ich diese schriftlich ins Deutsche übersetzte, um sie dann mündlich von dort aus wieder ins Englische zu übersetzen. Mein Vater nahm diesen gut gemeinten Rat an, und so sah ich mich zähneknirschend gezwungen, bei dieser Prozedur mitzuwirken. Zuerst übersetzte ich brav ins Deutsche, dann schrieb ich schwierige englische Wörter dazu, passte die deutsche Wortstellung an die englische an, bis schließlich mehr auf Englisch als auf Deutsch dastand. Irgendwann schaute sich mein Vater einmal zufällig mein Geschreibsel an, legte daraufhin sofort das Buch weg und sagte, er werde mir nicht mehr helfen, es sei denn, ich würde auf ihn zukommen und ihn darum bitten. Zuerst war ich froh, diesem konzertierten pädagogischen Anschlag entgangen zu sein, aber als ich in der nächsten Klasse eine Fünf nach der anderen kassierte, zuletzt sogar in einem Deutsch-Aufsatz (und mein Vater war Deutsch-Lehrer), wurde mir immer mulmiger, sodass ich reumütig auf meinen Vater zuging und meinte, jetzt wolle ich doch lernen, und ob er mir behilflich sein würde. Aufgrund meines Eifers, den ich darauf beim Lernen entwickelte, legte ich ein Abitur hin mit einer Durchschnittsnote von 1,2 und das im schulisch elitären Baden-Württemberg mit Zentral-Abitur.

Ich finde, das Verhalten meines Vaters ist ein schönes Beispiel für den Umgang miteinander, nämlich, dass man anderen nicht hinterherlaufen soll, wenn sie sich nicht helfen lassen wollen. Gegen derartige Widerstände anzukämpfen, jemanden mit Gewalt zum Guten zwingen zu wollen, führt zu nichts. Zum Thema Gewalt fällt mir übrigens ein schöner Ausspruch von Konfuzius ein: „Erst wenn eine Mücke auf deinem Hoden landet, wirst du lernen, Probleme ohne Gewalt zu lösen."

Ich werde oft gefragt, wie es kommt, dass ich zuerst Mathematik und dann Psychologie studiert habe. Beides hat doch kaum etwas miteinander zu tun, das eine ist streng logisch, das andere teilweise verwirrend *psycho*logisch. Ich erkläre mir das folgendermaßen: in der Oberstufe des Gymnasiums war ich einer der besten in Mathematik und habe vielen Klassenkameraden, wenn sie etwas nicht verstanden hatten, den Stoff erklärt. Wir trafen uns regelmäßig bei meinem Banknachbar, dem ich einmal die ganze Klassenarbeit vorgerechnet hatte (siehe voriges Kapitel), und jeder konnte kommen und mich fragen, wenn er oder sie etwas nicht verstanden hatte. Ich konnte so anderen helfen und mich nützlich machen, d.h. ich konnte meine geschilderte Abwehr- und Bewältigungsstrategie voll ausleben und fühlte mich gebraucht und glücklich. So studierte ich dann auch Mathematik, und in den ersten Semestern ging es ähnlich weiter.

An der TU Karlsruhe, an der ich studierte, waren einige Schulkameraden aus der Parallelklasse, die verschiedene Ingenieurwissenschaften studierten. Deren Vorlesungen in Höherer Mathematik waren sehr komprimiert, und so kamen sie oft zu mir und ließen sich alles erklären, was sie nicht verstanden hatten. Nachdem ich schon im zweiten statt im dritten Semester das obligatorische Proseminar absolviert hatte, fragte mich der Professor, dem ich wohl positiv aufgefallen war, ob ich nicht im nächsten Semester als Hilfsassistent für ihn arbeiten und eine Vorlesungsmitschrift verfassen wolle. Der Punkt war allerdings, dass die Vorlesung für das fünfte Semester und damit nach dem Vordiplom war, und ich erst davor und im dritten Semester war. Trotzdem willigte ich ein und hatte wieder dieselbe Situation, dass andere, in diesem Fall sogar Studenten, die zwei Semester über mir waren, zu mir kamen, denen ich alles erklärte, was sie nicht kapiert hatten. In einer Vorlesung gelang es mir einmal, als der Professor sich in der Beweisführung verheddert hatte, ihn auf den richtigen Weg zurückzuführen. Auch meine witzig-unterhaltsame Seite kam einmal zum Zuge, als er einen Stoff durchnahm, von dem er meinte, die Zuhörer müssten das von früher doch alles noch wissen, sie müssten sich doch erinnern. Während alle den Kopf schüttelten, sogar seine anwesenden Assistenten, sagte ich, Erich von Däniken zitierend, in lautem Flüsterton: „Das sind Erinnerungen an die Zukunft.“ Da musste sogar der Professor lachen.

Je weiter ich mit meinem Studium kam, desto mehr hatte ich das Gefühl, in einen Elfenbeinturm zu kommen und keinen Kontakt mehr mit anderen zu haben, denen ich irgendwie helfen konnte. Ein Jahr vor meinem Abschluss kam ich durch einen ehemaligen Klassenkameraden, der in Heidelberg studierte, in Kontakt mit einem Projekt des psychologischen Instituts, an dem drei Diplomanden untersuchen wollten, ob ein bestimmtes Selbsterfahrungsprogramm für Gruppen auch von Laien erfolgreich durchgeführt werden könnte. Dazu suchten sie Probanden, mit denen sie dieses Programm durchführen wollten, und die danach mit anderen dieses Programm als Gruppenleiter jeweils zu zweit abhalten sollten. Ich war sofort Feuer und Flamme. Nachdem ich einmal Blut geleckt hatte, war für mich klar, dass ich zwar mein Mathematik-Studium beenden, aber dann sofort Psychologie studieren würde, um Gruppenpsychotherapeut zu werden. Daran änderte sich auch nichts, als ein akademischer Rat in Karlsruhe, der einen Ruf nach Saarbrücken als Professor bekommen hatte, mich gern als Assistenten mitgenommen hätte. Als ich in der Kaffee-Runde am Institut gesagt hatte, dass ich

Psychologie studieren wollte, sahen mich die anderen teils mitleidig, teils wie einen Abtrünnigen an. Im Nachhinein kommt mir der Wechsel zur Psychologie wie eine Flucht vor. Ich floh vor dem Schreckensbild eines verknöcherten, verhärmten und einsamen Mathematikers in einem Elfenbeinturm, ein Szenarium, das sich wie ein Gefängnis mit Einzelhaft gestaltete.

In den letzten beiden Semestern des Mathe-Studiums war ich immer öfter in Heidelberg und bekam Kontakt mit der „Free Clinic“, einer Therapie-Einrichtung nach einem ursprünglich amerikanischen Konzept für Drogenabhängige, die sowohl medizinisch als auch psychotherapeutisch behandelt wurden, ohne dass sie etwas dafür bezahlen mussten (daher „Free“). Finanziell trug sich der Trägerverein durch öffentliche Mittel und Spenden, vor allem von Ärzten, die sich dafür nicht mit dem damals anwachsenden Drogenproblem auseinanderzusetzen brauchten. Dort sah ich zum ersten Mal Filme mit Fritz Perls, dem Begründer der Gestaltpsychotherapie, wie er damit praktisch arbeitete. Dann kamen Gestalttherapeuten aus Holland, Engländer und Amerikaner, die Workshops in Heidelberg abhielten, an denen ich teilnahm. Schließlich machte ich nach meinem Mathematik-Diplom im Sommer 1975 bei einem einmonatigen Gestalt-Workshop in der Schweiz mit.

Bei diesen Workshops kam ich zwar mit Hilfe der jeweiligen Therapeuten gut an meine Gefühle heran, ich staunte auch immer wieder, was da so in mir steckte, aber für mich allein hatte ich solche Empfindungen nie. Mir selbst war ich verschlossen. Am deutlichsten merkte ich das in der Schweiz, als wir einmal ohne die beiden Gestalttherapeuten eine Encounter-Gruppe veranstalteten. Die Anweisung am Anfang lautete, dass jeder sich in der Gruppe einmal umschauen, jeden anschauen und alles äußern sollte, was an Emotionen dabei aufkam. Alle anderen äußerten etwas, bei mir war nichts. Das war noch nicht besonders auffällig, weil viele keine besonders starken Empfindungen hatten. Als mich dann aber jemand angriff, er sei neidisch auf mich, weil ich mit einer der Teilnehmerinnen als Paar zusammengekommen war, erwarteten alle, dass ich ihm gehörig die Meinung sagte, was ihm einfiel. Bei mir aber regte sich nichts, im Gegenteil, ich verstand ihn und wäre an seiner Stelle vielleicht auch neidisch geworden. So blieb ich stumm. Was ich an dieser Stelle versäumt hatte, war, mich und ihn zu fragen, was er mit seinem Neid meinte. Vielleicht wäre ich nicht so still geblieben, wenn ich realisiert hätte, dass er der Meinung war, dass ich mein Glück nicht verdient hätte. Aber solche Gedanken, wenn ich sie überhaupt gehabt habe, habe ich schnell verdrängt. Nach der Sitzung kamen einige auf mich zu und gaben mir den Rat, ich müsste einmal ein 48-Stunden-Marathon-Encounter mitmachen, um zu lernen, mich emotional zu wehren, wenn man mich angriff. Auf meine Frage, wo das möglich sei, bekam ich die Antwort: bei Bryan Coomb am Quaesitor Institute in London.

Mit einem Vollbart wie Sigmund Freud ging ich im Herbst desselben Jahres nach London und kam glatt rasiert ohne Bart zurück. Das hatte man mir vorher schon prophezeit. Vom vielen Brüllen während des Workshops – es handelte sich um das sogenannte Synanon-Encounter[3] – war ich noch ein paar Tage heiser. Ich erlebte in diesem Marathon ganz viel Angst, das Brüllen erinnerte mich an den Jähzorn meines Vaters, der dann auch sehr laut werden konnte. Die Desensibilisierung gegenüber Zornesausbrüchen anderer war vielleicht der Punkt, an dem ich von dieser Art Encounter-Gruppe am meisten profitierte. Dadurch aber, dass ich unempfindlich gegenüber brüllenden Menschen wurde, konnte ich die Gewalterlebnisse mit meinem Vater nicht emotional in mir integrieren. Ich lernte zwar, mich emotional zu wehren, was häufig als „psychisches Karate“ bezeichnet wurde, allerdings halte ich das nur in Ausnahmefällen für nützlich, und mit Wut kann man Angst nur verdrängen, nicht verarbeiten.

Da mir ein Marathon-Wochenende zur Abhärtung nicht reichte, ging ich ab Ostern 1976 für genau 13 Wochen nach London, absolvierte ein dreimonatiges Encounter-Programm unter der Leitung von Bryan und seiner Partnerin Helen mit wöchentlichen Gruppenabenden und drei Marathon-Wochenenden. Daneben besuchte ich noch alle möglichen anderen Psycho-Workshops, z.B. Bio-Energetik nach Alexander Lowen mit Nadine Scott und Gestalt mit einem irischen Therapeuten, an dessen Namen ich mich nicht mehr erinnere. Ein anderer Bio-Energetik-Therapeut verband diese Therapieform mit Pferdereiten, da die sogenannte Grounding-Position der Bio-Energetik sich ziemlich genau auf die Haltung eines Reiters auf einem Pferderücken übertragen lässt. An ein bedeutsameres Ereignis erinnere ich mich noch bei einem Workshop von einem Therapeuten namens Meyer – den Vornamen habe ich vergessen – der seine Veranstaltung mit dem Text ankündigte, dass Liebe die einzige vollständige Emotion sei, alle anderen lediglich Reaktion (eigene Übersetzung), was mich sehr ansprach. Unter den Teilnehmern war ein Mann, der mich aufgrund seines Aussehens (Stirnglatze und dunkles Haar) an meinen Vater erinnerte. Auf die Aufforderung des Leiters, uns jemanden in der Gruppe auszusuchen und etwas mit der betreffenden Person zu machen, wählte ich also diesen Mann aus, um einen Ringkampf mit ihm zu machen. Ich strengte mich unheimlich an, kämpfte mit aller Kraft, bis der andere erschöpft war und ich ihn besiegt hatte. Darauf brach ich weinend über ihm zusammen. Damit hatte ich nun überhaupt nicht gerechnet, es zeigte mir aber etwas von der Ambivalenz meinem Vater gegenüber.

Jahre später hatte ich ein weiteres Erlebnis, welches mir mein Verhältnis zu meinem Vater von einer anderen Seite erklärte: ich war bei einer Einzelsitzung bei einem

[3] Synanon war eine Therapie-Einrichtung für Drogenabhängige, in der diese so heftig und lautstark konfrontiert wurden, bis sie selbst aus ihrer Lethargie herauskamen und ihre Lebendigkeit durch Brüllen zeigten. Diese Extremform der Drogentherapie ist heute umstritten, genauso wie derartige Encounter-Gruppen generell.

männlichen Therapeuten, der mit mir holotrophes Atmen machte, eine Atemtechnik, bei der man auf dem Rücken liegend pausenlos und möglichst schnell tief ein- und ausatmet, sodass eine leichte Hyperventilation entsteht. Dabei projizierte ich meinen Vater auf den Therapeuten und hatte das Gefühl, er lehne sich bequem zurück und betrachte mich, der ich mich total anstrengte und alles gab, mit einem süffisanten Lächeln nach dem Motto, „Streng du dich gefälligst auch mal an!“ Zuerst war ich sauer und dachte, „Was bildet der sich ein, lässt mich hier asten und amüsiert sich noch dabei. Dir werde ich´s zeigen.“ Dann aber drängte sich ein anderer Eindruck auf. Ich war auf einmal ganz sicher, dass mein Vater sofort eingreifen und mir helfen würde, wenn ich in Not käme. Bevor ich unterginge, würde er mich retten. Das gab mir auf einmal doppelte Kraft, und nach der Sitzung hatte ich ein Glücksgefühl, das noch lange andauerte.

Insgesamt waren es viele wichtige Eindrücke und Erfahrungen, die ich in London gemacht hatte, ich konnte sie aber nicht zu etwas Sinnvollem zusammenfassen und mit meinem bisherigen Leben zusammenbringen. Im Nachhinein betrachtet, war London auch eine Flucht, aber es gab jetzt kein Zurück mehr, ich musste mich in einem neuen Land zurechtfinden, und das war nichts im Außen wie England als fremdes Land, sondern etwas bei mir selbst. Seit meinem London-Aufenthalt konnte ich wesentlich besser Englisch sprechen, ich hatte dort sogar auf Englisch geträumt, außerdem hatte ich etwas von der freien und toleranten Art der Londoner erfahren und genossen, aber mir fiel nach einer Weile auf, dass sonntags keine Kirchenglocken läuteten, und ich vermisste das.

Zurück in Deutschland nahm ich mein Psychologie-Studium in Heidelberg wieder auf und suchte nach weiteren Möglichkeiten, Workshops wie in England zu besuchen, denn ich spürte, dass der in London angestoßene Prozess weitergehen musste. Ich erfuhr dann von einem Zentrum im Stolzenhof bei Jagsthausen, einem Außenprojekt der Free Clinic in einem Gutshof, der ursprünglich zur Burg von Berlichingen gehörte. Dort besuchte ich u.a. Encounter-Gruppen bei Jeff Gordon, der nach einer Weile nach einer Therapieform von Dan Casriel arbeitete und schließlich in der Nähe von Sinsheim mit Ingo Gerstenberg ein neues Therapiezentrum gründete. Dort nahm ich auch ein ganzes Jahr lang an einer wöchentlich fortlaufenden „Casriel-Gruppe“ von Ingo teil. Von der Free Clinic her hatte Jeff den Ruf eines kalifornischen Sunnyboys, während Ingo Arzt war – ich glaube sogar Facharzt für Psychiatrie – der zuvor als Therapeut an der Psychosomatischen Klinik Bad Herrenalb unter Walter Lechler gearbeitet hatte. Davor hatte Ingo schon an der Free Clinic Erfahrungen mit Drogenabhängigen gesammelt, während er in Herrenalb vor allem mit Alkohol- und Medikamentenabhängigen zu tun hatte.

Bei meinem ersten Encounter-Workshop mit Jeff kam es zu einem Vorfall, der sowohl ihn als auch mich charakterisiert: wie bei Encounter-Gruppen üblich, forderte er uns in der ersten Gruppensitzung auf, jeden einzelnen anzuschauen und jede Regung, die wir verspürten, der betreffenden Person gegenüber auszudrücken. Ich suchte mir den stärksten Mann in der Gruppe aus, jedenfalls den, der mir als der Stärkste erschien, und griff ihn mit lautem Gebrüll völlig unqualifiziert an mit allem, was mir gerade einfiel, so wie ich das bei Bryan gelernt hatte. Er wusste wahrscheinlich gar nichts damit anzufangen und reagierte nicht. Nach einer Weile griff Jeff ein, stoppte mich, sah mich mit seinen warmen und liebevollen Augen an und fragte mich, was ich denn wirklich wolle. Das traf mich voll ins Herz, und ich fing bitterlich an zu weinen. Ich wollte einfach dazugehören, und deshalb tat ich, wovon ich annahm, dass es erwartet wurde. Indem ich diesen Schmerz fühlte, konnte ich die Ambivalenz gegenüber meinem Vater viel besser verarbeiten als mit dem „psychischen Karate“, das ich in England gelernt hatte. Jeff war überhaupt nicht so abweisend und konfrontativ wie Bryan, der bei Denny Yuson gelernt hatte. Denny war selbst drogenabhängig gewesen, wie ich auf einem Vortrag von ihm gehört habe, und er hatte es auf die harte Tour mit sehr konfrontativen Therapiemethoden gelernt, davon loszukommen, und Bryan hatte seinen Stil übernommen. Beide waren als Gruppenleiter geachtet und gefürchtet.

Vor Ingo hatte ich am Anfang auch Angst, vielleicht macht die Arbeit mit Suchtkranken in einer Klinik einem eine harte Schale, aber je mehr ich ihn kennenlernte, desto mehr lernte ich seine fürsorgliche und hilfsbereite Seite kennen. Er war auch ein besorgter Vater, der seinen Kindern einmal, als ich dabei war, sehr ausführlich und deutlich erklärte, dass man einen toten Vogel nicht anfassen dürfe, sonst könne man eine gefährliche Krankheit bekommen.

Als Jeff zum ersten Mal die Casriel-Therapie-Methode anwandte, hatte ich ein Erlebnis, das mich emotional sehr stark erfasst hat und auch heute noch in der Erinnerung ziemlich bewegt: wir sollten uns einen Partner suchen und mit ihm die sogenannte „Mattenarbeit“ machen. Dazu legt sich der eine, der für sich etwas tun wollte, mit dem Rücken auf eine Matte und der andere obendrauf. Der Untere soll den anderen mit beiden Händen festhalten und einen Ton machen, um alle Gefühle, die aufkommen, immer lauter stimmlich auszudrücken. Normalerweise kann man noch einen sogenannten Einstellungssatz dabei verwenden, wie z.B. „Ich bin liebenswert“ oder „Es steht mir zu“, aber Jeff machte bei dieser Sitzung noch keine sogenannte „Einstellarbeit“, bei der man einen passenden Satz herausfindet. Ich hatte einen 1,90 m großen Psychotherapeuten aus Berlin ausgesucht, der, wie er mir später sagte, etwa 90 kg wog. Als er sich auf mich drauflegte, bekam ich erst einmal kaum noch Luft und brachte nur klägliche Töne heraus, da ich vor allem mit dem Atmen beschäftigt war. Schließlich kam ich immer mehr in Fahrt, wurde lauter, und das beklemmend-traurig-depressiv-ängstliche Gefühl kam immer mehr hoch, sodass ich es immer stärker ausdrücken konnte.

Dieses Gefühl hatte ich schon bekommen, als die ersten Paare mit der Übung begannen, weil mich die traurigen Schreie der anderen so berührten. Schließlich kamen immer mehr Bilder aus meiner Kindheit hoch, alles war grau in grau und ich fühlte mich schrecklich einsam. Das hielt eine ganze Weile an, und ich bekam gar nicht mit, dass die anderen schon aufgehört hatten und in die Küche zum Abendessen gegangen waren. Auf einmal kam ein Moment der absoluten Leere, den ich nicht anders beschreiben kann, es war, als ob die Zeit stillstehen würde, und direkt danach hörte ich mich selbst sagen: „Mein Gott, ich lebe noch." Daraufhin musste ich dermaßen lachen, dass alles um mich herum, insbesondere mein 90 kg-Partner, wackelte. Wir lagen in einer Riesenlache von Schweiß und kamen beide aus dem Lachen nicht mehr heraus. Auch später habe ich von der Casriel-Methode, bei der man auf emotionaler Ebene an den verschiedenen Einstellungen zu sich selbst arbeitet, viel profitiert, aber das Thema des Verstehens von anderen, die womöglich anders sind als ich, war weitgehend ausgeklammert. Obwohl andere in der Gruppe waren, erreichte mich deren Anderssein nicht, für mich schienen sie an denselben Themen zu arbeiten wie ich, mit sich selbst schienen sie durchaus ähnliche Probleme zu haben wie ich. Der komplizierte Bereich des Zwischenmenschlichen, in dem so viele Missverständnisse möglich sind, blieb stets ausgeklammert. Das sollte ich erst in meiner ersten Ehe begreifen und lernen. Ich weiß nicht, ob dies auch an Dan Casriel lag, der diese Methode ja entwickelt hat. Für mich bezeichnend ist, dass er am Ende seines Lebens geistig nicht mehr ganz klar gewesen sein soll.

Wenn man einmal betrachtet, mit welchem Eifer ich mich in die Selbsterfahrung gestürzt habe, wie fast gnadenlos konsequent ich keine Mühe gescheut habe (die drei Monate in London waren nicht einfach für mich sowohl organisatorisch als auch finanziell auf die Reihe zu bekommen), mich irgendwie zu verändern, so sehe ich darin heute einerseits einen autoaggressiven Akt, ein anderer sein zu wollen, vermischt mit einer Flucht vor dem eigentlichen Problem, dass ich nicht in der Lage war, einen vernünftigen und freien Austausch mit anderen Menschen zu erreichen. Wenn ich dies mit meiner ersten Prügelstrafe (wie im ersten Kapitel geschildert) und mit meinem Erlebnis beim ersten Klassenausflug im Gymnasium (siehe viertes Kapitel) zusammenbringe, dann scheint es so, als ob ich resigniert hatte, jemals vernünftig angehört zu werden, sei es meinem Vater gegenüber, dass ich mich für vorsichtig genug hielt, sei es meinen Klassenkameraden gegenüber, dass mein Fußgelenk sich bald beruhigen würde und ich nicht so viel Hilfe brauchte, wobei mir allerdings nicht klar war, dass auch ich zu wenig meinen Vater wahrgenommen hatte mit seiner Angst und Sorge um mich (vielleicht saß ihm noch die Angst wegen meiner Verbrennung mit dem Wasserkocher in den Knochen) und meine besorgten Klassenkameraden ebenso. Vielleicht hätte ja ein freierer Austausch mit meinem Vater die Lage besser geklärt als seine Prügel, wenn nicht nur er mir seine Ängste und Sorgen mitgeteilt hätte, sondern mehr auf mich eingegangen wäre, um herauszufinden, was mich bewegt hatte, so nah an die verkehrsreiche Straße heranzufahren mit meinem Dreirad. Ich meine mich zu erinnern, dass es in einer der Parallelstraßen einen stärkeren Jungen gab, der mich oft drangsalierte, und wenn ich ihn rechtzeitig ausspähte, konnte ich schnell nach Hause eilen, um vor ihm sicher zu sein.

Beruf

Des rechten Weges wohl bewusst

Inzwischen habe ich meinem Bekannten **K** die ersten fünf Kapitel zu lesen gegeben, und er fand sie fürs Erste nicht schlecht. An manchen Stellen habe er sogar etwas schmunzeln müssen. Ich wusste nicht so recht, ob diese Kritik gut oder schlecht war, entschloss mich dann aber, es positiv zu sehen, und meinte dann zu ihm, dass ich nun meine berufliche Entwicklung schildern wollte.

H-P: Bis jetzt konnte ich meine Geschichten ganz flüssig schreiben, aber bei diesem Thema habe ich Schwierigkeiten, weil diese Entwicklung sich über so viele Jahre hinzieht, nämlich vom Ende meines Studiums im März 1983 bis heute. Da brauche ich die Hilfe eines Gesprächspartners, der mir mit Fragen und Bemerkungen hilft, die ganze Geschichte zu strukturieren.

K: Und dazu hast du mich auserwählt.

H-P: Ja. Du hast mich beim Vorwort schon so gut unterstützt, sodass ich z.B. auf den Titel dieses Buches gekommen bin. Dafür möchte ich mich noch nachträglich bei dir bedanken.

K: Das kommt zwar etwas spät, aber bitte sehr.

H-P: Wärst du denn dazu bereit? Ich bitte dich darum.

K: Diesem Zauberwort kann ich nicht widerstehen, deinem psychologischen Charme natürlich auch nicht. Mit welchem Gefühl hast du denn dein Studium beendet?

H-P: Meine Diplomarbeit in Psychologie hatte ich ziemlich unmotiviert zu Ende geschrieben. Ich wollte endlich arbeiten, und der ganze theoretische Kram hing mir zum Hals heraus. Die Mathematik fiel mir viel leichter, aber das war ja auch mein erstes Studium. Klar, dass mir nach 14 Jahren, die seit meinem Abitur vergangen waren, langsam die Luft und die Geduld ausgingen.

K: Aber angefangen hattest du das Psychologiestudium doch ziemlich motiviert. Was hat dich denn da gereizt, einmal abgesehen davon, dass du Gruppentherapeut werden wolltest?

H-P: Was mich an Psychologie vor allem gereizt hatte, war die Psychoanalyse, und ausgerechnet die kam im Studium überhaupt nicht vor, sodass ich ganz allein für mich die Traumanalyse, die Vorlesungen von Freud und andere seiner Schriften gelesen habe. Der Stil von Freud gefiel mir sehr, klar und logisch. Dagegen war vieles von dem, was wir im Studium vorgesetzt bekamen, unklar und unlogisch. Der eine Versuch bewies etwas, ein anderer Versuch widersprach der Schlussfolgerung des ersten Forschers und ein dritter, der in einer Studie mehrere ähnliche Versuche miteinander verglich, plädierte für drei unterschiedliche Meinungen, die seiner Ansicht nach vertretbar wären, sodass weitere Versuche gemacht werden sollten. Nicht alles, aber vieles war ziemlich unbefriedigend. Als dann noch herauskam, dass viele Forscher ihre Ergebnisse so frisierten, dass ihre eigenen Theorien bestätigt wurden, fiel mir nur noch der Spruch ein: „Ich glaube nur an eine Statistik, die ich selbst gefälscht habe."

K: Ist der nicht von Churchill?

H-P: Nein, den haben die Nazis ihm nur untergeschoben. Ich finde Statistiken sehr hilfreich, nur eine gefälschte nicht. Der Unterschied ist derselbe wie zwischen Wahrheit und Lüge.

K: Jedenfalls bist du schon am Anfang des Studiums ziemlich enttäuscht worden.

H-P: Zur Ehrenrettung der Psychologie muss ich allerdings sagen, dass sich seit meinem Studium schon einiges gebessert hat. Ich habe inzwischen, zumindest was die Psychotherapieforschung betrifft, einiges an Fachliteratur gelesen, was wirklich interessant ist, und wovon ich mir gewünscht hätte, dass es das zu meiner Zeit schon gegeben hätte. Allerdings dauert es naturgemäß ziemlich lange, bis die Wirksamkeit einer psychotherapeutischen Behandlungsmethode wissenschaftlich erforscht ist. Sogar im rein körperlich-medizinischen beim Penicillin hat es fast 40 Jahre gedauert, bis die Wissenschaft die Wirkmechanismen erkannt hat.

K: Wann und wie fing denn deine Berufspraxis an?

H-P: Zuerst, ab Mai 1983, arbeitete ich an einer „Klinik für Alkoholkranke Männer", was mir zuerst sehr gefiel, weil ich dort relativ frei meine ersten Erfahrungen in Gruppentherapie machen konnte. Bald aber gab es die ersten Spannungen mit der Klinikverwaltung, weil ich mehr Gruppensitzungen für nötig hielt, damit unter den Teilnehmern ein stärkeres Wir-Gefühl entstand, welches ihnen auf Dauer mehr wert werden sollte als das Gefühl des Betrunkenseins.

K: Wie kamst du auf diese Idee?

H-P: In meiner Diplomarbeit hatte ich über Werte bei Alkoholikern geschrieben mit dem Ergebnis, dass beim Heilungsprozess der Wert der Dazugehörigkeit immer größer wurde. Da ich mich mit meinen Vorstellungen nicht durchsetzen konnte und es auch noch andere Meinungsverschiedenheiten gab, trennte ich mich schließlich von meinem Arbeitgeber und fing schon relativ früh mit meiner Selbständigkeit als niedergelassener Psychotherapeut an.

K: War das nicht etwas riskant, auch vom Finanziellen her?

H-P: Nachdem ich unter Supervision einer Kollegin gearbeitet hatte, die im sogenannten Kostenerstattungsverfahren der Techniker Krankenkasse Psychotherapie machte, hatte ich die Voraussetzungen erfüllt, ebenfalls mit dieser Krankenkasse abrechnen zu können. Dadurch ging es vom Finanziellen her einigermaßen.

K: Wo hast du denn praktiziert? Warst du schon immer in Hannover?

H-P: Ich ließ mich zuerst in Bünde nieder, weil dort Freunde meiner damaligen Frau wohnten, bis ich dann Ende 1988 nach Hannover wechselte, wo ich bis heute praktiziere. Zuerst konnte ich nur über Kostenerstattung abrechnen, bis das neue Psychotherapeutengesetz 1999 in Kraft trat und ich direkt von der Kassenärztlichen Vereinigung mein Honorar bekam.

K: Bekamst du dadurch mehr Geld?

H-P: Das war deutlich mehr. Davor habe ich mehr oder weniger auf dem Existenzminimum gelebt. Manches Mal habe ich von Patienten auch kein Honorar bekommen, sodass ich es einklagen musste. Ein besonders krasses Beispiel war ein Patient, der von der Krankenkasse das Geld bekam, es aber nicht an mich weitergegeben hatte. Ich bekam dann zwar vom Gericht einen Titel, aber er hatte das Geld bereits ausgegeben und legte eine eidesstattliche Versicherung ab, dass er kein Geld mehr habe. Die größte Dreistigkeit war dann, dass er behauptete, er habe gedacht, die Krankenkasse gebe ihm das Geld als Belohnung dafür, dass er Therapie machte.

K: Dabei war es ja dein wohlverdientes Geld. Du hattest mit ihm bestimmt große Mühe und musstest dich sehr anstrengen.

H-P: Einerseits kommt es immer wieder vor, dass man bestimmten Patienten nicht helfen kann, da soll man sich auch nicht unnötig abmühen, sondern es früh genug erkennen. Andererseits ist das Honorar von Psychotherapeuten laut vielfacher Meinung zur Hälfte Schweige- und zur Hälfte Schmerzensgeld. Ersteres kann ich bejahen, Letzteres nur bedingt, denn Mitgefühl zu empfinden, wenn es jemandem schlecht geht, der sich mir offen anvertraut, hat etwas Lösendes und Befreiendes, sodass es ein Geschenk für mich ist. Quälend ist nur, wenn die betreffende Person sich nicht richtig öffnen kann oder will. Das bezeichnet man dann als Widerstand, und es gilt die Formel, Leid ist Schmerz multipliziert mit Widerstand.

K: Hast du nicht auch Mitleid mit einigen deiner Patienten?

H-P: Nicht Mitleid, sondern Mitgefühl. Beim Mitgefühl versetze ich mich als neutrale Person in die Situation des anderen und kann so ohne einen Widerstand mit ihm oder ihr fühlen, wie es ihr oder ihm geht. Ich komme dann wieder zurück zu mir und kann mein Gegenüber trösten. Wenn ich Mitleid habe, dann leide ich ja mit und brauche selbst Trost.

K: Das stelle ich mir teilweise sehr schwer vor, vor allem wenn mich die Situation an etwas erinnert, was ich selbst noch nicht richtig verarbeitet habe.

H-P: Dass Psychotherapie ein schwieriges Geschäft ist, soll Dr. Konrad Stauss einmal gesagt haben, der frühere Chefarzt der Psychosomatischen Klinik in Grönenbach. Ich selbst merkte das allerdings erst, als ich mittendrin war. Ich wandte zuerst Techniken an, die ich selbst in London und beim Bonding *(siehe voriges Kapitel)* erfahren hatte, bildete mich weiter auf Seminaren, vor allem bei Psychoanalytikern, und in Hypnotherapie, zuerst klassisch, dann nach Milton Erickson, war aber nie richtig zufrieden mit dem, was ich tat.

K: Da hast du ja ziemlich viel gemacht, erst die Selbsterfahrung schon während des Studiums und dann die Weiterbildung, alles mehr oder weniger in Eigenregie.

H-P: Allmählich kam ich dahinter, dass ich einen eigenen Weg für mich finden musste, meinen persönlichen Zugang zum anderen. „Wenn der Therapeut vergisst, dass er Therapeut ist, und der Patient, dass er Patient ist, dann kann Heilung beginnen."

K: Diesen Satz habe ich auch schon gehört. Er hört sich ja schön an, aber wie kann man ihn umsetzen?

H-P: „Keep it simple – halte es einfach", ist ein Leitsatz der Anonymen Alkoholiker, und so begann ich immer mehr, mich auf ganz normale Gespräche mit meinen Klienten einzulassen und so wenig wie möglich Vorgaben zu machen. Einfache Fragen wie „Was führt Sie hierher? Wie geht es Ihnen? Was möchten Sie hier besprechen? Was wünschen Sie sich von dieser Sitzung?" eröffnen viel direkteren Kontakt zu sich selbst und zum anderen. An die Wahrheit kommt man nicht mit Gewalt, indem man Patienten „knackt". Wystan Hugh Auden meinte dazu: "Truth, like love and sleep, resents approaches that are too intense." Wahrheit, Liebe und der Schlaf mögen´s nicht heftig, sondern brav.

K: Deine Fragen hören sich ja fast so an wie die, mit denen Sokrates die Menschen zum Nachdenken gebracht hat.

H-P: Ganz genau, und auf die tieferen Fragen kommt die betreffende Person dann meistens von allein, oder ich gebe Rückmeldungen, wenn mir auffällt, dass sie zu wenig auf ihre Emotionen oder Körperempfindungen achtet.

K: Dann gibst du auch Feedback.

H-P: Bei meinen Rückmeldungen handle ich meist spontan aus dem „Bauch" heraus, wenn mir dagegen mein Gegenüber einen Zusammenhang nicht zu verstehen scheint oder etwas einfach nicht weiß, werde ich manchmal auch zum Lehrer und erkläre etwas. Dabei hat mir die Philosophie viel geholfen, mit der ich mich seit etwa acht Jahren intensiv beschäftige und mit deren Hilfe ich mir viele eigene Gedanken gemacht habe, um immer besser zu verstehen.

K: Da kommt dann der Pädagoge bei dir durch. Ist ja eigentlich kein Wunder. Schließlich waren dein Vater, sein Bruder und seine Mutter alles Lehrer gewesen.

H-P: Rückblickend kann ich nur sagen, dass der Weg zu meiner bisherigen beruflichen Arbeitsweise teilweise recht verschlungen war, aber irgendwie bin ich doch immer weiter vorangekommen, und dieser Weg scheint mir noch lange nicht zu Ende zu sein.

K: Sag´ mal, gab es nicht auch besondere Vorkommnisse bei deinen Therapien? Irgendwelche Anekdoten?

H-P: Jetzt bist du aber zu neugierig. Es geht doch nicht um irgendwelche Sensationen. Ich kann dir aber berichten, was mir an Problemen häufiger begegnet, und womit viele Menschen heute ihre Schwierigkeiten haben, soweit ich das aus meinen Erfahrungen mit meinen Patienten erkennen kann.

K: Ja, was sind denn so die häufigsten seelischen Störungen?

H-P: Am meisten haben die Menschen hier mit Ängsten und Depressionen zu kämpfen. Manchmal mit spezifischen Ängsten, also Phobien, z.B. in Fahrstühlen, auf Türmen oder vor bestimmten Tieren wie Spinnen oder Schlangen. Häufiger sind jedoch allgemeine Ängste oder Panikattacken, die aus dem Nichts auftreten können, ohne Vorwarnung. Depressionen sind oft damit verbunden, dass jemand immer wieder enttäuscht worden ist, wenn die betreffende Person sich um andere bemüht hat, aber immer wieder abgelehnt oder ausgenutzt worden ist und nun am Ende ihrer Kräfte und Hoffnungen angekommen ist.

K: Gibt es auch Fälle von sexuellem Missbrauch?

H-P: Zumindest in meiner Praxis eher selten. Die eine oder andere Person kommt vielleicht zur Nachbehandlung zu mir, wenn eine stationäre Maßnahme schon zu einer Besserung geführt hat. Ich hatte hier einmal eine Patientin, deren Vater, ein evangelischer Geistlicher, sie als Kind mit Ketten an ihr Bett gefesselt hat. Das war zwar kein sexueller Missbrauch, aber eine schwere Misshandlung. Ich habe versucht, ihr immer mehr Sicherheit in unserer Beziehung zu geben, aber der persönliche Hass auf ihren Vater war zu groß, sie nahm es ihm persönlich so übel, dass sie sich von ihren Rachegedanken und damit zusammenhängenden Zwängen so vereinnahmen ließ, dass sie nicht mehr ihr eigenes Leben bewältigen konnte. Schließlich entwickelte sie paranoide Ideen gegenüber mir, dass ich sie negativ beeinflussen könnte, und brach die Therapie ab.

K: Das hat dir damals wohl einiges ausgemacht.

H-P: Stimmt. Ein Therapieabbruch, vor allem wenn man erlebt, in welcher Not sich jemand befindet, ist immer schlimm für mich. Da meldet sich mein innerer Helfer sehr stark und ist unglücklich. Was mir bei dieser Patientin im Nachhinein aber ganz deutlich wurde, war, dass ein persönliches Übelnehmen so viele eigene Kräfte bindet und dem anderen so viel Verantwortung für das eigene Leben zuschiebt, dass die eigene Lebensführung immer schlechter gelingt. Für mich gilt da der Satz: „Unabhängig davon, ob du verantwortlich bist für die Situation, in der du gerade steckst, du bist auf jeden Fall dafür verantwortlich, wie du mit ihr umgehst.“

K: Das scheint mir ein wichtiger Punkt zu sein, denn es kommt oft vor, dass Menschen sich Verantwortung aufladen, die sie gar nicht haben, und mindestens genauso oft lehnen sie die Verantwortung ab, die sie eigentlich übernehmen müssten.

H-P: Genau. Viele machen heute noch ihre Eltern für ihre Probleme verantwortlich, und nehmen das als Entschuldigung dafür, dass sie nichts tun können. Irgendeine berühmte Persönlichkeit soll einmal gesagt haben, dass ab 40 jeder selbst für sein Gesicht verantwortlich ist.

K: Und ich habe gehört, dass, wenn bei jemandem eine Schraube locker ist, nicht immer eine Mutter daran schuld ist.

H-P: Den Spruch muss ich mir merken.

K: Gibt es denn auch leichtere Fälle?

H-P: Zum Glück, ja. Manchmal wird in einer Sitzung auch gelacht. Das ist dann ein positives Zeichen dafür, dass es zu einem Perspektivenwechsel gekommen ist. Das ist eine wichtige Voraussetzung dafür, dass es zu einer Besserung kommt. Ich hatte z.B. einmal eine Patientin, die sich darüber beklagte, dass ein Mann, mit dem sie vorher geflirtet hatte, sie auf einmal schlecht behandelte. Als ich daraufhin sagte, dann könne sie auch bei ihrem Mann bleiben, musste sie so sehr lachen, dass zum einen ihre schlechte Laune wie weggeblasen war. Zum andern sah sie ihre Ehe mit anderen Augen und setzte sich mehr mit ihrem Mann auseinander, sodass sich ihre Beziehung immer mehr besserte.

K: Bei einer Psychotherapie gibt also durchaus Heilungschancen.

H-P: Definitiv, sonst könnte ich, glaube ich, auch nicht weitermachen. Was übrigens noch des Öfteren in der Praxis vorkommt, sind Partnerprobleme, die mit psychischen Störungen in starken Wechselwirkungen stehen. Konni Stauss meinte nicht nur, dass Psychotherapie ein schwieriges Geschäft ist, er vertrat auch die Ansicht, dass Partnerbeziehungen das Schwierigste im Leben eines jeden Menschen sind.

K: Dann schreib´ doch mal etwas über deine eigenen Partnerbeziehungen!

H-P: Mach´ ich im nächsten Kapitel, und du bekommst es dann zu lesen.

Partnerbeziehungen

Dort, wo die Liebe fällt

Das erste Mal verliebt war ich mit 14 auf der Klassenfahrt nach Faistenau bei Salzburg, und zwar in eine zwei Jahre ältere Klassenkameradin, die ein Jahr zuvor in unsere Klasse gekommen war, da sie sitzen geblieben war. Blöd war nur, dass sie nicht in mich verliebt war. So war dies die ganze Schulzeit über und das erste Jahr meines Mathematik-Studiums. Im Nachhinein betrachtet hätte ich mir jeweils denken können, dass meine Wünsche keine Erwiderung finden würde.

Schon Aristoteles meinte, dass in uns Menschen sich Denken und Begehren kreuzen und es zu einem begehrenden Denken und einem denkenden Begehren kommt. Bei mir überwog eindeutig das Begehren, das Denken, zumindest was meine eigenen Partnerbeziehungen betraf, war auf Sparflamme geschaltet. Derartige Situationen pflegte Walter Lechler, der ehemalige und leider schon verstorbenen Chefarzt der Psychosomatischen Klinik Bad Herrenalb mit dem Spruch zu kommentieren: „Ein Penis ist zu kurz für ein ganzes Leben.“ Und Konni Stauss, sein früherer Oberarzt, meinte, wie im vorigen Kapitel schon gesagt, dass Beziehungen das Schwierigste im Leben eines jeden Menschen darstellen. Deshalb, ich muss es zugeben, brauchte ich sehr lange, bis ich mich traute, dieses Kapitel zu schreiben. Ohne achtsames Bedenken seiner eigenen körperlichen Regungen bzw. seines Begehrens kann niemand eine erfüllende Beziehung führen.

Ende des zweiten Semesters in Mathematik endlich verliebte sich jemand in mich. Ich war bei einem Freund und spielte dort mit der kleinen Nichte seiner älteren Schwester, indem ich sie z.B. auf die Schulter nahm und mit ihr durch die geräumige Wohnung „ritt“, was ihr großen Spaß machte. Das beobachtete eine entfernte etwa gleichaltrige Verwandte meines Freundes und ehemaligen Schulbanknachbars, die dort gerade ein paar Tage zu Besuch war, und mein Umgang mit kleinen Kindern gefiel ihr so gut, dass sie sich in mich verliebte, obwohl sie, wie ich allerdings erst später erfuhr, mit jemand anderem verlobt war. Sie hat mich dann regelrecht verführt, und zwar in ihrem Auto, weil sie zu weit weg und ich noch bei meinen Eltern wohnte. Ich wusste damals zwar schon, dass sie verlobt war, aber ich war noch zu unerfahren, um mir denken zu können, dass ich nur eine Affäre sein könnte. Als sie sich später mit ihrem Verlobten wieder versöhnte und die Beziehung mit mir beendete, war dies eine meiner schmerzlichsten Erfahrungen, aber man lernt nur aus den schlechten Erfahrungen.

Ich erlebte dann noch zwei weitere Beziehungen, bei denen die Frauen zwar nicht zurück zu ihren Ex-Partnern gingen, aber es schien mir im Nachhinein, dass ich nur als Trostpflaster benutzt worden war, um die vergangene Beziehung zu überwinden. Beide waren Ausländerinnen, und der einen half ich, Deutsch zu lernen, der anderen beim Umzug vom Studentenwohnheim in eine eigene Wohnung. Zumindest sexuell wurde ich immer erfahrener, aber beziehungsmäßig war ich immer noch ein blutiger Anfänger. Es gilt ja: Aus Fehlern wird man klug. Also musste ich noch furchtbar viele Fehler machen, leider oft auch sehr ähnliche.

Es dauerte eine Reihe von Beziehungen, bis ich erlebte, dass Frauen auch Fehler machten und sich unglücklich in mich verliebten. Eine besonders wichtige Erfahrung machte ich mit einer körperlich attraktiven Frau, mit der es sexuell sehr gut lief. Erst nach einer Weile merkte ich, dass mir etwas Wichtiges fehlte, nämlich ein echtes Gegenüber. Mir wurde sogar einmal richtig körperlich schlecht, als ich zu ihr wollte. Auch wenn es vielleicht brutal von mir war, aber ich machte dann sehr schnell Schluss mit ihr, weil ich es nicht mehr mit ihr aushielt. Da habe ich zum ersten Mal erlebt, dass Sexualität nicht alles ist und der Spruch von Walter Lechler stimmt. Ich habe damals viel darüber nachgedacht und kann aus heutiger Sicht nur sagen, dass wir Männer doch nicht wie Fische sind, stumm und schwanzgesteuert. Ich brauchte auch jemanden, mit dem ich vertraulich reden konnte.

Nach meinen vielen gescheiterten Beziehungen war ich ziemlich demoralisiert und glaubte, dass zu mir niemand passte bzw. ich zu niemandem passen würde. Bald darauf kam ich mit meiner ersten Frau zusammen. Wir hatten schon länger zu fünft in einer Wohngemeinschaft gelebt, als ihre damals beste Freundin ihr sagte, ich sei ein feinsinniger Mensch, sodass sie mich daraufhin mit anderen Augen sah und sich in mich verliebte. Ich hatte mich zu Anfang unseres Zusammenwohnens in sie verliebt, aber das war schon Vergangenheit geworden. Ich konnte mir aber beziehungsmäßig gut vorstellen, mit ihr glücklich zu werden. Es war also eindeutig keine rein sexuelle, sondern hauptsächlich eine Entscheidung für die Beziehung mit ihr. Über das Zusammenwohnen hatten wir eine Vertrautheit entwickelt, und anfänglich hatte ich sogar Angst, durch eine Partnerbeziehung könnte dies zerstört werden.

Wenn ich allerdings gewusst hätte, wie schwierig unsere Beziehung dann wurde, hätte ich vielleicht gekniffen. Allerdings habe ich in keiner Beziehung so viel gelernt wie in dieser. Manchmal ist es wohl ganz gut, dass wir nicht in die Zukunft blicken können, sonst würden wir die wichtigsten Lernerfahrungen versäumen.

Was waren nun unsere Schwierigkeiten? Ich denke, wir waren aufgrund unserer bisherigen Beziehungserfahrungen unsicher und bekamen bei Konflikten schnell Verlustängste. Wir gingen jedoch mit diesen Ängsten sehr gegensätzlich um. Während ich auf Tauchstation ging, anfänglich vielleicht noch versuchte, alles leicht und nicht so ernst zu nehmen, und hoffte, dass sich alles mit der Zeit beruhigte, ging sie auf Angriff über und versuchte, mir Schuldgefühle zu machen, um mich an sich zu binden. Diese beiden Überlebensstrategien – in der Bindungstheorie nennt man das zugrundeliegende

Bindungsmuster bei mir unsicher vermeidend, bei ihr unsicher verstrickend – passten natürlich teuflisch gut zusammen. Während sie sich ganz auf die Beziehung konzentrierte und nicht ruhte, bis alles ausgesprochen, ihre Spannungen sich entladen und fürs Erste alles geklärt war, auch wenn es manchmal angebrachter gewesen wäre, Ruhe zu bewahren, damit jeder erst einmal für sich Klarheit gewinnt – das war ihr aber aufgrund ihrer Verlustängste nicht möglich – wurde ich von meinen Verlustängsten derart gelähmt, dass ich weder denken noch fühlen konnte, was ihre Ängste nur noch verstärkte, da ich immer unerreichbarer wurde, ein Teufelskreis. Wir konnten zwar unsere destruktiven Streitigkeiten immer wieder beenden, wenn auch mit großen Verlusten und Schäden, aber eine grundsätzliche Lösung des Problems unserer Gegensätzlichkeiten gelang nie. Ihre Verlustängste, die teilweise existenziell waren, konnten in unserer Beziehung nicht überwunden werden (sie fürchtete u.a., durch mein anderen gegenüber konfliktvermeidendes, nachgiebiges Verhalten Gefahren ausgesetzt zu sein), genauso wenig wie meine, denn meine Verlustängste bezogen sich darauf, den guten und fürsorglichen Vater zu verlieren und stattdessen mit dem strafenden Vater konfrontiert zu sein, den sie dann für mich verkörperte. Immerhin hielten wir es bis zur endgültigen Scheidung knapp 14 Jahre miteinander aus, eine großartige Leistung, wenn man so will.

Dafür fand ich in meiner jetzigen Ehe eine Partnerin, bei der unsere Angstbewältigungsstrategien wunderbar zusammenpassen, und wir uns dadurch so viel Sicherheit und gegenseitiges Verständnis geben – ich denke, es kommt der Utopie der vollkommenen Liebe ziemlich nah – dass wir eine sichere Bindung erreicht haben. Ich glaube, so können wir zusammen alt werden, und die einzige Unsicherheit besteht darin, dass der eine von uns vor dem anderen stirbt.

Meine Kinder

Hoffnung wird geboren

H-P: Na, hast du gelesen, was ich über meine Partnerschaften geschrieben habe?

K: Ja. Du hast da schon einige Erfahrungen sammeln können. Hast du eigentlich auch Kinder, und wenn ja, welche Rolle spielen sie in deinem Leben? Erzähl´ doch mal ganz von vorne!

H-P: Bei der Geburt meiner Kinder bin ich beide Male dabei gewesen, ich durfte sie sozusagen von ihrem ersten Atemzug an begleiten. Für mich als Elternteil geht es aber nicht nur ums Begleiten, sondern auch darum, Wege zu zeigen und frei zu machen, damit meine Kinder darauf gehen können. Leider waren mir dabei Grenzen gesetzt, ich konnte nur zeigen, wo ich selbst gegangen war, und hoffen, dass sie eigene Wege finden und ich sie dort unterstützen kann. Diese Hoffnung wurde mit ihrer Geburt jeweils geboren. Dabei haben auch sie mir Wege gezeigt, die mir neu waren, und sie haben auch mich vorangebracht.

K: Welche Wege meinst du damit?

H-P: Meine Schulausbildung z.B. verlief relativ geradlinig, von der Grundschule bis zum Abitur, während mein Sohn aufgrund seiner Migräne auf die Waldorfschule ging und schließlich über eine Sonderregelung zum Physikstudium kam. Auch meine Tochter war erst bei den Anthroposophen, wechselte dann auf eine Privatschule und bekam dort die Hochschulreife über eine kaufmännische Ausbildung, um dann Sozialwissenschaften zu studieren.

K: Gibt es denn außer diesen Unterschieden auch Ähnlichkeiten?

H-P: In gewisser Weise ist mein Sohn einen ähnlichen Weg gegangen wie ich mit meinem Mathematikstudium, denn er entwickelt heute komplizierte mathematische Modelle und numerische Algorithmen in der Gravitationsphysik, und meine Tochter macht etwas Ähnliches wie ich mit meinem Psychologiestudium. Sie erforscht verstecktes, implizites Wissen und den Austausch von Wissen in der Gesellschaft. Ich bin auf beide sehr stolz. Beide werden demnächst den Doktor in ihrem Fach bekommen, etwas, was ich weder in Mathematik noch in Psychologie geschafft habe. So zeigen mir beide, dass man auch über Umwege wichtige Ziele wie ein Universitätsstudium erreichen kann. Allerdings war mein Weg zum Psychotherapeuten auch nicht besonders gradlinig.

K: Stimmt. Hast du denn Kinder gewollt, oder war das mehr oder weniger ein Zufall?

H-P: Mir war eigentlich schon ziemlich früh klar, dass ich Kinder haben wollte, zumindest nachdem ich meinen Plan, Priester zu werden, aufgegeben hatte. Ich habe mich auch auf alle beide gefreut. In einem Gestalt-Workshop in Heidelberg bei Tony

Horn während meines Psychologiestudiums fragte dieser einmal, wer von uns denn Kinder haben wollte. Ich meldete mich sofort ganz spontan, ohne groß zu überlegen. Darauf meinte er zu den Frauen: „Den müsst ihr euch schnappen, das ist ein guter Mann.“ (Das Ganze natürlich auf Englisch, er war ja Engländer und sprach kein Deutsch.) Ich fühlte mich damals geschmeichelt, bin mir aber heute nicht so sicher, ob er das nicht auch scherzhaft gemeint hatte.

K: Die Frage dabei ist, ob das nur ein Gefühl von dir war, oder ob du dich ernsthaft und verantwortungsvoll damit auseinandergesetzt hast.

H-P: Ein derartiger Wunsch oder Lebensplan muss natürlich hinterfragt werden. Das habe ich damals sicherlich noch nicht gemacht. Ich kann aber im Nachhinein folgendes dazu sagen: Mein Wunsch bezog sich auf keine Partnerin im Sinne von: „Ich will ein Kind von oder mit dir.“, sondern nur auf mein eigenes Leben, sodass der Verdacht des Egoismus aufkommt. Prinzipiell ist natürlich in jedem Wunsch auch Eigennutz enthalten, aber Egoismus bedeutet, dass nichts anderes hinter einem Plan steckt. Bei mir war es u.a. der Wunsch, das Gute, das ich als Kind erfahren hatte, weiterzugeben und das Schlechte möglichst zu vermeiden. Mit meinem Wunsch verbunden war eben der Gedanke, ein guter Vater zu sein. Ich wollte z.B. meine Kinder niemals schlagen, und diesen Vorsatz konnte ich zum Glück einhalten. Die viele Geduld, die ich von meinen beiden Eltern erfahren habe, konnte ich weitgehend weitergeben. Dass ich immer da war, wenn sie mich brauchten, ist mir leider nicht immer gelungen. Das geschah aber nicht böswillig.

K: Wann warst du denn da und wann nicht?

H-P: In den ersten Jahren habe ich stets mitgeholfen, sie zu wickeln. Da meine erste Frau Rückenprobleme hatte, habe ich beide Kinder viel im „Easy Rider“ herumgetragen, ein Ersatz für ein Tragetuch. Einmal bin ich damit mit meinem Sohn auf eine Leiter gestiegen und habe Gardinen aufgehängt, während er darin selig schlief. Es gibt auch ein Foto von mir mit beiden Kindern auf dem Schoß, das uns drei auf einem alten Schaukelstuhl zeigt, wobei die beiden hintereinander sitzend mit dem Gesicht zu mir tief schlafen.

K: Andere zu beruhigen, das konntest du wohl schon immer.

H-P: Manche habe ich allerdings mit meiner ruhigen Art auch aufgebracht, insbesondere dann, wenn die Ruhe nicht angebracht war.

K: Kinder zu beruhigen, ist sicher etwas sehr Wichtiges, das schafft Entwicklungsräume. Wie haben sich denn deine Kinder entwickelt, z.B. auch künstlerisch? Du kommst doch aus einer sehr musikalischen Familie.

H-P: Mein Sohn hat eine Weile Klavier gespielt, aber leider dann aufgehört. Das hat mich an mich erinnert, weil ich mit 14 etwa auch damit aufgehört habe. Mein Sohn hat aber in relativ kurzer Zeit sogar etwas besser spielen können als ich nach immerhin acht Jahren. Meine Tochter hatte Geigenunterricht, aber ebenfalls nach kurzer Zeit wieder damit aufgehört. Da beide Kinder in der Waldorf-Schule Blockflöte gelernt hatten, haben wir ein paar Mal zu dritt Stücke von Händel und Mozart gespielt.

K: Das hört sich sehr harmonisch an.

H-P: Leider konnte ich nicht verhindern, dass sie etwas von den Auseinandersetzungen mit meiner damaligen Frau mitbekamen und darunter gelitten haben. Nach 12 ½ Jahren Ehe haben wir uns dann getrennt, die Kinder waren damals knapp 12 und 10, sodass ich nicht mehr so viel und oft für sie da sein konnte. Zum Glück war meine Ex-Frau mit einem Mann zusammengekommen, der sich sehr um beide Kinder gekümmert und ihnen schließlich geholfen hat, dass sie studieren konnten. Leider reagierte seine Familie, sein Vater und vor allem seine Schwester, mit Eifersucht, sodass es zu einem tiefen Zerwürfnis kam.

K: Was hast du sonst noch nach der Trennung mit deinen Kindern gemacht, außer Flöte zu spielen?

H-P: Bei Besuchen konnte ich meinem Sohn viel in Englisch beibringen, indem ich mit ihm „The Lord of The Rings" auf Englisch las und wir unbekannte Wörter nachschlugen. Es hat uns beiden viel Spaß gemacht. Meine Tochter war damals in der Pubertät und war daher besser bei ihrer Mutter aufgehoben.

K: Wie sieht denn der Kontakt heute aus?

H-P: Inzwischen sind beide wie schon erwähnt mit ihrer Promotion beschäftigt, und wir sehen uns nur noch selten. Mit meiner Tochter telefoniere ich regelmäßig einmal die Woche, und dabei erfahre ich auch viel von meinem Sohn, der wegen seiner Migräne nicht telefonieren möchte. Dadurch könnte ein Anfall ausgelöst werden. Meine Tochter wünscht sich eine eigene Familie mit Kindern, und das wünsche ich mir auch für sie.

K: Dein Kinderwunsch ist also noch lange nicht gestillt, jetzt geht es dir um Enkelkinder, oder?

H-P: Mein Wunsch nach Enkelkindern unterscheidet sich deutlich von meinem früheren Wunsch nach Kindern. Das Entscheidende dabei ist nicht, dass ich in einem Fall aktiv und verantwortlich etwas dazu beitragen musste und im anderen Fall nicht, …

K: Das gilt schon vom Biologischen her.

H-P: … sondern dass es mehr ein Wunsch für meine Tochter ist, dass sie dadurch glücklich wird. Natürlich ist es auch eine schöne Vorstellung, ein kleines Würmchen auf dem Arm zu halten, mit ihm zu spielen und es heranwachsen und sich entwickeln zu sehen. Ich empfinde dabei aber keinen Druck, dass es geschehen müsste. Das war bei meinem Kinderwunsch schon etwas anderes. Es gibt Wünsche, für die wir Verantwortung tragen, nicht nur, dass sie erfüllt werden, sondern auch, dass wir mit deren

Folgen achtsam und verantwortungsvoll umgehen. Bei der anderen Art von Wünschen wie der nach Enkelkindern handelt es sich mehr um ein Geschenk, das wir genießen können. Es ist gewissermaßen eher ein Luxus und nicht etwas, was wir als wesentlich für unser Leben empfinden.

K: Was ist denn für dich das Wesentliche in Bezug auf deine Kinder?

H-P: Dass meine Kinder ein geglücktes Leben führen können, ist für mich wesentlich, und nur, wenn dazu Enkelkinder wichtig sind, sind auch diese wesentlich. Mein Sohn scheint kein derartiges Verlangen wie meine Tochter zu haben. Er widmet sich ganz der Wissenschaft, und es würde mich nicht wundern, wenn er irgendwann zumindest die theoretische Möglichkeit von Zeitreisen in die Vergangenheit finden würde – na ja, ich will nicht übertreiben. Es kann natürlich auch sein, dass bei ihm so ähnlich wie bei mir ein unsicher-vermeidendes Bindungsmuster vorliegt, und bei meiner Tochter ähnlich wie bei ihrer Mutter ein unsicher-verstrickendes. Ich wünsche beiden jedenfalls sichere Bindungen, sei es mit einem Partner für meine Tochter, mit dem sie glückliche Kinder haben kann, oder mit guten Freunden für meinen Sohn, die mit ihm viele wissenschaftliche Interessen teilen. Das sind meine Hoffnungen für meine Kinder, die vom Prinzip her, dass sie glücklich sein sollen, letztlich schon mit ihnen geboren wurden.

K: Ich glaube, dass man den Menschen, die man liebt, immer ein glückliches Leben wünscht.

Mein Verhältnis zu Kirche und Religion

Das Gute lässt sich nicht erzwingen

H-P: Nun möchte ich dir mein Verhältnis zu Kirche und Religion schildern.

K: Oh je, da musst du aber aufpassen, dass du nicht so belehrend rüberkommst. Du stellst deine Gedanken oft so zwingend logisch dar, dass sich in mir etwas wehrt, dir zu folgen. Bei Hannah Arendt habe ich gelesen, dass „der Erfolg des erklärenden Denkens auf der rücksichtslosen Vernichtung des erklärten Gegenstandes“ beruht.

H-P: Wo steht das?

K: In ihrem Denktagebuch *(S. 196)*, und darunter zitiert sie Ernst Jünger: „Der Geist gleicht einer Fliege, die in einer Flasche gefangen ist und sich im Besitze eines unendlichen Horizontes wähnt.“ Man kann eben nichts vollkommen erklären.

H-P: Okay, dann hake ein, wenn du merkst, dass ich zu belehrend bin und zu sehr erklären will.

K: Mach´ ich.

H-P: Wie schon erwähnt, wurde ich weder Nazi noch Kommunist, sondern Ministrant bzw. Messdiener. Ich war also zu Anfang ein treuer Diener der katholischen Kirche bis hin zu meinem Mathematikstudium, währenddessen ich Stipendiat des Cusanus-Werkes war, vorgeschlagen von meinem damaligen Kaplan.

K: Dann hat er dich einerseits für sehr gläubig und andererseits für sehr intelligent gehalten. Ist das nicht ein Widerspruch?

H-P: Sei nicht so zynisch! Ich werde dir schon noch erklären, dass Glaube und Intelligenz in keinem Widerspruch stehen müssen. Der Aberglaube, wenn ich Absolutes mit Relativem verwechsle, der ist das Gegenteil von Intelligenz.

K: Diese Definition von Aberglauben kenne ich von Hans Küng.

H-P: Jedenfalls, je älter ich wurde, desto kritischer sah ich die katholische Kirche. Zuletzt waren die Predigten unseres Stadtpfarrers mir immer hohler und nichtssagender erschienen, sodass ich mich weigerte, zur Messe in die Kirche zu gehen. Den „Blödsinn“ musste ich mir nicht anhören.

K: Naja, aber wegen eines schlechten Predigers brauchtest du doch nicht die gesamte katholische Kirche abzulehnen.

H-P: Dazu kam noch, dass mir bei den Seminaren des Cusanus-Werks, zu denen wir kommen mussten, immer mehr unangenehm auffiel, dass man uns zum Guten zwingen wollte, und bevor ich zum Heuchler wurde, wie der ein oder andere meiner Mit-Stipendiaten, distanzierte ich mich von der katholischen Kirche insgesamt und suchte mir meinen eigenen Weg zu einem christlichen Glauben.

K: Das erscheint mir schon etwas verständlicher.

H-P: Wie ich schon am Anfang des ersten Kapitels, wenn du dich erinnerst, erwähnt habe, schockte ich den geistlichen Kurator des Cusanus-Werks mit der These, dass Gott erfunden werden müsse, falls es ihn nicht gäbe. Ohne es zu wissen, bezog ich mich damals auf Luther (und das gegenüber einem katholischen Priester!), der meinte, es müsse ein Wesen geben, dem wir Menschen vollkommen vertrauen können. Als dessen unvollkommene Ebenbilder können wir dann auch anderen Menschen wenigstens zum Teil trauen.

K: Achtung, mit dem „wir" ist es schon wieder belehrend. Du kannst dadurch anderen trauen.

H-P: Jetzt muss ich leider etwas theoretisch werden, um meine gedankliche Auseinandersetzung mit diesem Thema zu schildern.

K: Solange du nicht wieder in das „wir" verfällst, ...

H-P: Einerseits war bei mir zuerst ein Gefühl da, dass mich das Christentum von Anfang an sehr angesprochen hat, sodass ich zeitweise sogar Priester werden wollte, andererseits wollte ich Klarheit darüber gewinnen, warum mich der Glaube an Gott und die Schriften des Neuen Testaments so stark angezogen haben. Ich habe auch von verschiedenen anderen gehört, dass sie an Gott glauben, auch wenn sie dies nicht begründen können. Es sei nur ein diffuses Gefühl, dass es da so etwas wie eine höhere Macht geben müsse.

K: Dieses Gefühl überkommt mich auch manchmal, z.B. bei beeindruckenden Naturschauspielen oder wenn Menschen durch den außergewöhnlichen Einsatz von anderen gerettet werden. Aber kommt dein Glaube, speziell der christliche, nicht auch von deinen Eltern, die im Krieg darin Halt gefunden haben?

H-P: Sicherlich auch, und gerade im Krieg, als so viele schlimme und unmenschliche Dinge geschahen, brauchten meine Eltern den Glauben an Rettung, Heil und Liebe. Sonst kann es nach einem Krieg niemals echten Frieden geben. Auf diesem Glauben, der letztlich ein Glaube an das Gute im Menschen ist, basieren alle meine persönlichen zwischenmenschlichen Beziehungen. Wenn ich diesen Glauben nicht hätte, wäre ich vollkommen isoliert und könnte zu niemandem einen persönlichen Kontakt aufbauen, ich würde seelisch bzw. emotional verhungern. Dieser Glaube ist notwendig für mich, weil ich auf andere Menschen angewiesen bin. Was ich bin, bin ich aufgrund meines persönlichen Kontakts zu anderen. Dass dies für uns alle gilt, drückt Gerald Hüther in dem Satz aus: „Ein menschliches Gehirn entwickelt sich niemals allein."

K: Das war knapp. Zum Glück zitierst du noch Gerald Hüther, und da kann ich dir nicht widersprechen, dass dies auch für mich gilt.

H-P: Andererseits kann ich niemandem vollkommen vertrauen, sogar mir selbst nicht. Das wäre dumm und naiv.

K: Da hast du recht. Wer kennt schon die Abgründe der eigenen Seele?!

H-P: Jeder Glaube, ob an Gott oder an uns Menschen, muss korrigierbar sein, denn wie schon Goethe im Prolog von Faust I sagen lässt: „Es irrt der Mensch, solang er strebt." An dieser Stelle muss ich mich gegen jede Art von Dogmatismus wenden und mich in diesem Sinne von der offiziellen katholischen Kirche distanzieren. Jeder Mensch, auch der Papst, kann sich in Glaubensdingen irren, im Glauben an Gott, an andere Menschen oder an sich selbst. Dogmen bedeuten Zwang und stören das Vertrauen. Vertrauen bzw. das Gute lässt sich eben nicht erzwingen.

K: Ja. Du kennst sicher auch die Geschichte von der Nachtigall, die in Freiheit sehr schön gesungen hat, aber im goldenen Käfig eingesperrt verstummte.

H-P: Jeder Mensch hat die Freiheit, seine Absichten und damit sein Verhalten unvorhersehbar zu ändern. In seinen unwillkürlichen Regungen ist jeder sogar sich selbst unverfügbar. Man bezeichnet das oft als die „Dunkelheit des Herzens". Ich weiß oft selbst nicht genau, was mich gerade alles antreibt, z.B. auch gerade jetzt, dass ich mit dir rede.

K: Also <u>ich</u> treibe dich nicht an, obwohl mich jetzt interessieren würde, was du von Religion allgemein und von der christlichen Religion im Speziellen hältst. Brauchst du überhaupt eine Religion?

H-P: Ich wünsche mir auf jeden Fall Anregungen, um am Ende auf ein geglücktes Leben blicken zu können. Darunter verstehe ich das Heil, das ich anstreben möchte. Dann bräuchte ich nämlich keine Angst vor dem Tod zu haben, keine Wut darüber, in was für Situationen ich jeweils geworfen worden bin, und ich wäre dankbar für jeden Augenblick meines Lebens. Daher ist jede Heilslehre, und das sind ja die Religionen, interessant für mich. Das Spezifische der christlichen Religion, was sie für mich so anziehend macht, ist ihre Lehre, dass man sein Heil bzw. die Erlösung dann findet, wenn man immer mehr die drei theologischen Tugenden Glaube, Liebe und Hoffnung entwickelt, die schon Paulus in seinem sogenannten Hohelied der Liebe anführt.

K: Und die Liebe ist von diesen dreien nach Paulus die größte.

H-P: Glaube ist genau genommen keine Tugend, sondern wie oben erwähnt eine Notwendigkeit für das Zusammenleben mit anderen. Liebe ist für mich das echte und unmittelbare Erkennen eines anderen, wozu er oder sie da ist, wodurch ich gleichzeitig mich selbst auf dieselbe Weise erkennen würde und damit meine Ebenbildlichkeit und die der anderen mit Gott. Das ist natürlich eine Utopie, die ich nicht erreichen kann, der ich mich aber mithilfe anderer, die mich auf diese Weise ebenfalls immer mehr lieben, annähern kann. Je mehr und weiter ich diese Fähigkeit des Erkennens und der Liebe entwickle, desto fester wird mein Glaube, zumindest ist dies meine Hoffnung. Ich hoffe nämlich, dabei immer mehr zu erkennen, dass mein Glaube und mein Vertrauen in andere Menschen und in mich selbst gerechtfertigt sind.

K: Dann gibt es also keine Abgründe der Seele?

H-P: Wenn wir sie mit Liebe füllen, werden sie zu Schatzkammern.

K: Das ist ein wohltuend hoffnungsfrohes Bild.

H-P: Auf dem Weg zur vollkommenen Liebe, der nach meinem Dafürhalten das Ziel unseres Daseins ist und der den Sinn unseres gesamten menschlichen Lebens darstellt, kann es immer wieder zu einem Lichtblick in unser Herz kommen, der die Dunkelheit des Herzens erleuchtet, es öffnet und jedem Kraft und Mut gibt, diesen Weg weiterzugehen.

K: Halt, jetzt bist du schon wieder beim „wir" bzw. „uns". Das kannst du für dein Dasein und dein Leben in Anspruch nehmen. Was mich betrifft, so muss ich noch darüber nachdenken. Also bitte!

H-P: Entschuldigung! Ist das nicht eine menschliche Schwäche, ein Bedürfnis oder eine Eigenart, etwas für den anderen für gut zu halten, was einem selbst guttut?

K: Wenn du mich dazu einlädst, ist das schön. Nur wenn du mich zwingen willst wie in dem biblischen Gleichnis vom Gastmahl, als die Tagelöhner, die an den Zäunen hingen, zum Essen hingehen mussten, dann wehre ich mich.

H-P: Ich habe irgendwo bei Hans Küng gelesen, dass Augustinus das lateinische Wort „cogere" falsch interpretiert hat, es kann nämlich „zwingen", aber auch „einsammeln" bedeuten. Diejenigen, die da herumlungerten, mussten bestimmt nicht gezwungen werden, sie waren froh, etwas zu essen zu bekommen.

K: Ach so!

H-P: Zumindest ich also brauche Mut und Kraft durch solche Lichtblicke im Herzen, denn es kann auf der anderen Seite immer auch den Fall geben, dass der Freund, die Freundin oder die Partnerin, der Partner, mit dem oder der ich meine Liebesfähigkeit weiterentwickeln möchte, sich von diesem Weg abwendet und mich im Stich lässt. Wenn es dann wenigstens einen Menschen gibt, durch den ich einen Lichtblick erlebt habe, dann kann mein Herz einen solchen Stich, eine derartige Verletzung ertragen, ohne dass ich selbst vom Glauben abfalle.

K: Das ist ja zum Teil passiert, als dein Vater dich verprügelt hat.

H-P: Teilweise ja, allerdings habe ich ihn ja auch geliebt, sodass ich hin- und hergerissen war. Schließlich ist meine Liebe zu ihm stärker geworden und ich habe ihn besser verstanden, sodass ich ihm persönlich verziehen habe. Allgemein lässt sich sagen, je stärker meine Liebe ist, desto eher nehme ich es der Person, die mir etwas angetan oder sich von ihrer Liebe abgewandt hat, nicht persönlich übel und hoffe für sie, dass sie früher oder später der Aufforderung nachkommt, sich wieder auf den Weg zur Liebe zu begeben. Derartige Aufforderungen begegnen jedem meiner Erfahrung nach ständig. Aufforderungen, unsere Liebesfähigkeit immer weiterzuentwickeln, kommen nämlich immer dann auf uns zu, wenn uns ein anderer Mensch begegnet.

K: Ich geb´s auf, schon wieder ein „wir“ bzw. „uns“. Du bist unverbesserlich.

H-P: Ich hätte auch „seine Liebesfähigkeit“, „auf einen zu“ und, „wenn einem ein anderer Mensch begegnet“, sagen können. Jetzt übertreib nicht.

K: Okay, ich will nicht streiten.

H-P: Das Christentum ist für mich unabhängig von jeder Theologie eine Religion der Liebe, und dieser will ich mein Leben lang folgen. Liebe soll immer mehr mein Leben bestimmen. Dabei sind mir die Menschen und nicht irgendeine christliche Kirche oder Sekte wichtig.

K: Das war ein guter Schlusssatz. Beim nächsten Thema deines Buches, bei unserem menschlichen Zusammenleben will ich auf jeden Fall noch ein Wörtchen mitreden. Schließlich geht es dabei auch um uns.

H-P: Jetzt hast du aber „uns“ gesagt.

K: Du musst aber auch immer das letzte Wort haben.

Menschliches Zusammenleben

Mehr Licht! Mehr Licht! Mehr Licht!

H-P: Darf ich wenigstens anfangen?

K: Du nimmst mir doch meine letzte Bemerkung nicht persönlich übel?

H-P: Nein, sie war zwar übel, aber ich nehme das nicht persönlich.

K: Ich auch nicht. Also, fang an, hau rein!

H-P: Wie im vorigen Gespräch ausgeführt, hängen Glaube, Liebe und Hoffnung eng zusammen und ermöglichen erst ein menschliches Zusammenleben. Dabei ist jeder Glaube spekulativ und kreativ, wir glauben, aus dem, was wir wahrnehmen bzw. als wahr annehmen, etwas zu vernehmen, was uns sinnvoll bzw. vernünftig erscheint.

K: Ich glaube das auch.

H-P: Das war jetzt sehr subtil.

K: Stimmt.

H-P: Da „vernehmen" und „Vernunft" wortverwandt sind, ist Glaube vernünftig, zumindest dann, wenn er korrigierbar bleibt und sich an jegliche Wahrnehmung entsprechend anpasst. Ein in diesem Sinne vernünftiger Glaube ist notwendig, um ein menschlich-persönliches Zusammenleben zu gewährleisten.

K: Insofern ist dieser Glaube ein Vertrauen in andere, der den Einzelnen vernünftig beurteilt, je nachdem, welche Erfahrungen man mit ihm oder ihr gemacht hat und wie man ihr oder sein zukünftiges Verhalten einschätzt.

H-P: Die Liebe dagegen bringt, je weiter ich sie entwickle, immer mehr Licht in mein Zusammenleben mit anderen und sorgt so für die notwendigen Korrekturen meines Glaubens, den sie so immer mehr stärkt. Insofern macht Liebe mich frei von falschen Vorstellungen, vermittelt mir Freiheit im zwischenmenschlichen Handeln, denn nur so kann ich allmählich immer echter und unmittelbarer erkennen.

K: So kannst du den Einzelnen immer vernünftiger beurteilen und ihr oder ihm noch eine sportliche Chance geben, wenn er oder sie dich enttäuscht hat.

H-P: Die Enttäuschungen nehmen genau dann ab bzw. ich werde genau dann immer mehr befreit davon, wenn ich meine Liebesfähigkeit immer weiterentwickle.

K: Das gibt auch Hoffnung.

H-P: Jede positive Erfahrung bzw. jede Erfahrung, dass sich meine oder deine Liebe weiterentwickelt hat, gibt ebenfalls Hoffnung und Motivation, weiterzumachen oder mich wieder auf den Weg zur vollkommenen Liebe zu begeben, falls ich einmal davon abgekommen bin. Daher brauche ich für diese Hoffnung den Austausch bzw. die Kommunikation mit anderen. Insofern entsprechen den christlichen Tugenden Glaube, Liebe und Hoffnung die menschlichen Fähigkeiten Vernunft, Freiheit und Kommunikation.

K: Schön, dass du so konsequent bei dir geblieben bist. Und stell dir vor, ich kann das sogar für mich übernehmen, was du von dir gesagt hast.

H-P: Das freut mich jetzt. Wie sagte schon Paulet zu Maria Stuart im zweiten Auftritt des dritten Aufzugs: „Nun! Hab ichs endlich recht gemacht, Mylady?“

K: Ich bin aber keine Mylady.

H-P: Entschuldige! Kann ich weitererzählen?

K: Okay.

H-P: Nachdem ich nun die wichtigsten Fakten meines Lebens thematisch geordnet und in einen sinnvollen Zusammenhang gebracht habe, möchte ich noch mehr Licht hineinbringen und schauen, ob und welchen Sinn ich bisher in mein Leben gebracht habe, und wie ich möglicherweise vernünftig weitermachen kann. Auch wenn ich subjektiv hier nur von mir ausgegangen bin, betraf doch alles immer auch andere, denen ich im Laufe meines Lebens begegnet bin, auch dir, mein lieber K.

K: Danke für das „lieber“.

H-P: Sinn im eigenen Leben ist also auch immer Sinn im Zusammenleben und Sinn im zwischenmenschlichen Handeln. Beim Zusammenleben geht es darum, was ich gemeinsam mit anderen inszeniere, beim Handeln habe ich es mit dem zu tun, was ich bei anderen auslöse, hervorrufe, wie ich sie beeinflusse, und beim eigenen Leben kommt es darauf an, was ich jeweils verkörpere.

K: Au! Das ist wieder so schematisch und theoretisch: Inszenieren im Zusammenleben, Hervorrufen beim Handeln und Verkörpern im eigenen Leben. Geht das auch konkreter?

H-P: Gleich! Ich werde gleich konkrete Beispiele dafür aus meinem Leben geben. Zuerst will ich aber beleuchten, wie zwischenmenschliche Handlungen beginnen und anfangen, menschlich zu werden. Handlungen beginnen nicht mit Worten, sondern auf einer ganz profanen körperlichen Ebene wie der erste Atemzug eines Neugeborenen oder sein erster Schrei, seine ersten chaotischen Bewegungen, sein erstes ans Licht Kommen und Erscheinen. Worte kommentieren, helfen, etwas bewusst nachzuvollziehen, oder versprechen etwas, sind aber sekundär und auf etwas Vorausgegangenes angewiesen, auf das sie sich beziehen können. Das Einzige, was mit Worten beginnt, ist die Reflexion, das Denken bzw. das Menschsein und damit das Menschliche meiner Handlungen.

K: Schön, dass du nicht „unserer Handlungen“ gesagt hast.

H-P: Zuerst (in principio) war laut Bibel Tohuwabohu, Chaos, das ist die rein körperliche Ebene, aber am Anfang, lateinisch Initium statt Principium, da war das Wort, das Ordnung in das ursprüngliche Chaos brachte, indem es unterschiedliche Aufmerksamkeit erteilte und in diesem Sinne urteilte (urteilen kommt von erteilen, so wie Urlaub von erlauben), die göttliche Initiative, der göttliche Funken in uns Menschen, das Versprechen, sich gegenseitig immer besser zu verstehen, zu vertragen und zu lieben.

K: Ist ja alles schön und gut, aber kannst du dich endlich wieder etwas konkreter auf dich und dein Leben beziehen? Du hast es vorhin versprochen.

H-P: Ja, natürlich, kommt jetzt: Der erste Sinn in meinem Leben war mein Erscheinen bei meiner Geburt, und jeder weitere Sinn bzw. jede weitere Richtung in meinem Leben ergab sich aus neuen Inszenierungen, z.B. als ich zusammen mit meiner Omi Anneliese die Szene kreierte, als sie klagte und ich voller Mitgefühl ihr „letztes Stündlein" voraussah, oder durch das Hervorrufen bestimmter Reaktionen bei anderen, z.B. als ich es lustig fand, dass mein Mathematikprofessor so verzweifelt an die Gedächtnisleistungen seiner Zuhörer appellierte, und mein inneres Lachen ein äußeres bei den anderen auslöste, auch beim Professor, durch meine „Erinnerungen an die Zukunft", oder indem ich etwas verkörperte, was zu bestimmten Ereignissen führte, z.B. als ich kleiner und schwächlicher war in der Grundschule und im Kindergarten und mich entsprechend präsentierte, sodass stärkere Kinder mich ihre Überlegenheit spüren ließen, ich aber auch andere zu helfend-fürsorglichem Verhalten animierte wie bei dem ersten Klassenausflug im Gymnasium.

K: Jetzt verstehe ich es schon besser, was du mit Inszenieren, Hervorrufen und Verkörpern gemeint hast.

H-P: Am Anfang meines Lebens war ich wie ein Spielball den verschiedenen Einflüssen ausgesetzt, aber ich hatte auch zunehmend Gelegenheit zu lernen, wie ich immer besser damit umgehen konnte. Darin liegt meines Erachtens die Freiheit und die Verantwortung eines jeden Menschen. Prinzipiell bin ich frei wie jeder Mensch, aber nicht souverän, denn dazu müsste ich die Freiheit der anderen einschränken, da sie sonst meine Absichten vereiteln können.

K: Der Unterschied zwischen Freiheit und Souveränität ist mir derart noch gar nicht bewusst gewesen, ist aber einleuchtend.

H-P: Das ging mir auch so, als ich das zum ersten Mal bei Hannah Arendt gelesen habe.

K: Ach, daher hast du das.

H-P: Wenn manche nicht bekommen, was sie wollen, meinen sie, sie seien nicht frei, resignieren, denken, die da oben machen doch, was sie wollen, und geben ihre Freiheit auf, lassen sich einfach treiben.

K: Oder sie werden asozial und betrügen. Je mehr Menschen auf diese Weise Freiheit und Souveränität verwechseln, desto weniger Zusammenhalt gibt es unter den Menschen, und die Gesellschaft droht zu zerfallen. Aber zurück zu dir.

H-P: Wenn ich also mehr Licht in das bisher Erzählte bringen will, sollte ich betrachten, ob sich in meinem Leben Vernunft, Freiheit und der Austausch mit anderen gebessert hat.

K: Da bin ich mal gespannt.

H-P: In diesem Zusammenhang fällt mir auf, dass ich die Geschichte mit meinem Bruder gar nicht richtig in meine bisherige Darstellung der Fakten meines Lebens integriert habe. Dabei hatte ich beim Schreiben des zweiten Kapitels, das von seinem Leid handelt, vor allem am Ende die stärksten Gefühle, stärker als bei allen anderen Abschnitten dieses Buches. Mir kamen bei dem Satz, „wie es mir wohl an seiner Stelle gehen würde, wenn ich der Autist wäre und nicht er", nachdem ich ihn geschrieben hatte, Tränen, die ich nicht mehr zurückhalten konnte und wollte.

K: An dieser Stelle bin ich auch traurig geworden, wenn ich mich als ich selbst in die Situation deines Bruders hineinversetze. Wie er selbst sich tatsächlich fühlt, kann allerdings niemand wissen.

H-P: Da spielst du darauf an, dass auch niemand wissen kann, wie es ist, eine Fledermaus zu sein.

K: Stimmt, das steht in einem Aufsatz von Thomas Nagel, einem amerikanischen Philosophen. Er meint allerdings, dass man nicht von der Tätigkeit eines Gehirns auf das Bewusstsein des betreffenden Lebewesens schließen kann. Ich dagegen glaube, dass Menschen ein und dieselbe Lebenssituation ganz verschieden wahrnehmen können.

H-P: Beides stimmt wohl und passt auch auf meinen Bruder. Sein Gehirn ist aufgrund seiner komplizierten Geburt geschädigt, und selbst wenn dies nicht der Fall wäre, so hätte es sich aufgrund anderer Lebenserfahrungen anders entwickelt, sodass er Dinge anders wahrnehmen würde als andere. Jedenfalls habe ich wohl die ganze Zeit eine schmerzliche Sehnsucht mit mir herumgeschleppt, die ich bis dahin immer wieder verdrängt habe. Ab und zu hat sie sich gemeldet und ich konnte sie in traurigen Liedern ausdrücken, die ich mit Gitarre gesungen habe.

K: Von deinem Gitarre-Spielen hast du noch gar nichts erzählt. Spielst du noch?

H-P: Nur noch gelegentlich. Ich brauche es wohl nicht mehr als Ventil für unerfüllte Sehnsüchte. Das Thema meines Bruders kam auch einmal während der Langzeit-Encounter-Gruppe bei Brian Coomb in London auf, und Helen, seine Partnerin, hat daran mit mir gearbeitet. Das ging dann in die Richtung, dass ich mir einen „richtigen" Bruder gewünscht hätte. Heute glaube ich eher, dass ich mir mehr Kontakt mit ihm gewünscht habe, als möglich war. Ich wollte keinen anderen Bruder, sondern genau ihn.

K: Dein klares Bekenntnis zu ihm berührt mich sehr.

H-P: Diesen Schmerz konnte ich mir bis heute nicht eingestehen, und mir wird klar, dass dies die Entwicklung meines Verständnisses von anderen und damit meiner Liebesfähigkeit sehr gestört hat und bei mir ein vermeidend unsicheres Bindungsmuster verstärkt, wenn nicht sogar ausgelöst hat.

K: Halt! Das verstehe ich nicht. Was heißt „vermeidend unsicheres Bindungsmuster"? Im Kapitel über deine Partnerbeziehung hast du auch etwas von Bindungsmustern geschrieben.

H-P: Das geht auf die Bindungstheorie von Bowlby zurück. Ganz kurz: ein vermeidend unsicheres Bindungsmuster bedeutet, dass ich aus einer Unsicherheit, wie ich mich in zwischenmenschlichen Beziehungen verhalten soll, zwischenmenschliche Probleme vermieden habe und mich z.B. lieber der Mathematik zugewandt habe.

K: Jetzt verstehe ich.

H-P: Bei meinem Bruder war dieses Muster folgendermaßen: Ich kam an ihn nicht heran, und nachdem ich alles Mögliche versucht hatte und schließlich sogar gemein zu ihm wurde, entstand ein für mich unlösbares Problem und ich gab auf, zog mich zurück und verdrängte meinen Schmerz und meine Sehnsucht nach ihm.

K: Wie hast du das hingekriegt?

H-P: Dabei halfen mir auch entsprechende Jugendbücher von Enid Blyton und später auch von Karl May. Mit der Flucht in eine Fantasiewelt einerseits oder mit abstrakt-mathematischem Denken über verschiedene Erweiterungen des Unendlichen mit verschiedenen „Mächtigkeiten" gelang die Abwehr dieser Sehnsucht immer besser und „mächtiger", und mein Helfer-Verhalten fing die Spitzen der schlimmsten Schmerzgefühle erfolgreich ab, da ich so immer noch Kontakt mit anderen hatte, der mir wenigstens ein bisschen gegeben hat.

K: Da kommt der Psychoanalytiker in dir durch: Das waren Abwehr- und Bewältigungsstrategien, zumindest so, wie du das beschreibst.

H-P: Das grundlegende Problem konnte ich damit aber immer weniger lösen. Ulrich, mein Bruder, war ja ein geistig behinderter Autist, und auch wenn ich selbst keine geistige Behinderung habe, gewisse autistische Züge habe ich durch die Abwehr und nur oberflächliche Bewältigung meiner Sehnsucht auch entwickelt. In gewissem Sinne war ich ihm auf diese Weise nähergekommen.

K: Näherkommen, indem man dem anderen ähnlich wird, gibt es das öfter?

H-P: Ja, wenn z.B. nahe Angehörige eines Verstorbenen, der an einer bestimmten Krankheit gestorben ist, noch Sehnsucht nach ihm oder ihr haben, entwickeln sie manchmal Symptome, die diese Person zum Schluss gehabt hatte.

K: Aber was hat dich da herausgeholt, wie kommt es, dass du jetzt mehr fühlen und den Schmerz zulassen kannst? Dass es nur die Zeit oder dein Alter ist, ist für mich keine befriedigende Antwort.

H-P: Ich vermute, dass dies insgesamt von den tieferen Beziehungen zu Partnerinnen und zu meinen Kindern kommt. Es kommt mir in gewisser Weise so vor, als hätte ich mit meiner ersten Frau gewisse Aspekte meiner Beziehung zu meinem Bruder neu inszeniert, wobei ich selbst eher wie mein Bruder war und sie ähnliche Empfindungen mir gegenüber bekam, wie ich gegenüber ihm. Ich wollte ja Kontakt zu ihm, aber er machte es mir unmöglich. Ich habe so meiner ersten Frau indirekt mitgeteilt, wie es mir mit meinem Bruder ergangen war.

K: Das ist wohl unbewusst geschehen und ist auch ziemlich raffiniert, einem anderen etwas auf diese Weise mitzuteilen, wenn man es verbal nicht kann. Jetzt verstehe ich den Ausspruch von Milton Erickson, dem Vater der modernen Hypnotherapie, wenn er meint, sein Unbewusstes sei viel klüger als er selbst. Kommt so etwas oft vor, dass unser Unbewusstes die Regie übernimmt, wenn wir etwas nicht können?

H-P: Derartige Inszenierungen gibt es häufiger, als man denkt. Dadurch wird der anderen Person, in diesem Fall also meiner ersten Frau, mitgeteilt, was ich früher auf der emotionalen Ebene erlebt habe. Leider hat dieser unbewusste Wiederholungszwang – Sigmund Freud lässt grüßen – zu keiner Lösung geführt, das war auch nicht zu erwarten, er hat mich aber aufgrund des schmerzlichen Scheiterns unserer Beziehung ein Stück geöffnet und empfänglicher gemacht für neue Erfahrungen.

K: Das kam wohl mit der Verarbeitung deiner ersten Ehe.

H-P: Ja. Dadurch wurde ich auch erst wieder offen für eine neue Beziehung. Nach vier Jahren der Verarbeitung konnte ich wesentlich offener mit meinen Gefühlen der Sehnsucht umgehen und mich zeigen. Ich traute mich mehr, stand zu meinen Bedürfnissen, auch wenn sie nicht oder nicht gleich erfüllt wurden, sodass ich in meiner zweiten Ehe immer mehr an Sicherheit gewann. Hinzu kam, dass meine heutige Frau mir auch ihre Zuneigung ganz offen zeigte und ich mich auch dadurch immer sicherer fühlte. Um meine Liebesfähigkeit weiterzuentwickeln, brauche ich auch die Liebe von anderen.

K: Hat dir denn bei der Verarbeitung noch etwas anderes geholfen?

H-P: In den vier Jahren zwischen diesen beiden Beziehungen haben mich meine Kinder sehr unterstützt, indem sie immer zu mir gehalten und mir sehr viel Mitgefühl entgegengebracht haben, wenn es mir z.B. nicht so gut ging.

K: So ist dieser Entwicklungsprozess von dir zu einem gewissen Abschluss gekommen und hat dir ermöglicht, eine bessere Partnerbeziehung mit deiner jetzigen Frau zu führen.

H-P: Dadurch, dass ich heute mit meinen Emotionen viel offener umgehen kann, nehme ich nicht mehr so schnell anderen etwas persönlich übel. Ich bin also in dieser Hinsicht vernünftiger, indem ich mehr hinhöre und vernehme, was bei ihnen vor sich geht. Vernunft kommt ja von vernehmen. Dadurch bin ich freier in meinen Reaktionen und kann mich besser austauschen und Missverständnisse besser klären. Vernunft, Freiheit und Kommunikation sind bei mir also deutlich besser geworden, wenn ich mich mit früher vergleiche, und wenn es mir gelingt, in Zukunft auf diesem Weg zu bleiben und weiter voranzukommen, dann kann es gut sein, dass ich am Ende meines Lebens auf ein geglücktes solches zurückblicken kann. Zumindest ist mir meine zweite Ehe gemeinsam mit meiner jetzigen Frau wesentlich besser, um nicht zu sagen sehr gut geglückt.

Anhang 1

K: Wenn ich das so richtig sehe, nach allem, was ich von dir gelesen und gehört habe, dann sind deine beiden Hauptprobleme, die du zu bearbeiten hattest, das Prügeln deines Vaters und das Schicksal deines Bruders. Daraus haben sich alle weiteren Probleme irgendwie entwickelt.

H-P: Stimmt einerseits, andererseits spielen alle Menschen, die mir bis heute begegnet sind und wie ich mit ihnen jeweils umgegangen bin, eine ganz wichtige Rolle. Denn nur dadurch war meine Entwicklung möglich.

K: Gut. Du hast dieses Buch nun dafür geschrieben, dass nicht nur du, sondern auch andere davon profitieren, sprich lernen können. Wie können also andere damit umgehen, wenn sie z.B. auch verprügelt wurden, oder wenn sie auch eine Belastung durch ein krankes Familienmitglied erlebt haben?

H-P: Ein allgemeines Rezept gibt es natürlich nicht. Ich persönlich bin der Meinung aufgrund meiner bisherigen Erfahrungen, dass ich immer wieder Gelegenheiten bekommen habe, mich zu entwickeln und meine von dir oben erwähnten Belastungen zu überwinden bzw. immer besser damit umzugehen. Ich glaube, dass jeder Mensch solche Chancen bekommt, religiöse Menschen nennen es Gnade Gottes. Insofern kommt es dann nur noch auf den Einzelnen an, ob er diese Gelegenheiten ergreift oder nicht. Insofern kann ich jedem nur empfehlen, so achtsam wie möglich durchs Leben zu gehen. Alle Chancen, denke ich, kann niemand ergreifen. Wie ich von meinem Vater erzählt habe, hat er auch nicht die Chance ergriffen, besseren Kontakt zu mir zu bekommen, als ich ihn von der Schule abgeholt habe *(siehe S. 23)*. Dafür hat er die Gelegenheit mit seinen beiden Enkelkindern genutzt und ist mit ihnen sehr liebevoll umgegangen. Ich selbst habe auch nicht alles genutzt, was mir das Schicksal an Möglichkeiten geboten hat.

K: Du meinst also, jeder bekommt genug Gelegenheiten, und mit gutem Willen kann sich jeder entwickeln und Fortschritte machen, was seine Liebesfähigkeit betrifft.

H-P: Genau, und ich hoffe, meine Ausführungen haben gezeigt, dass es möglich ist, auf dem Weg zur vollkommenen Liebe immer weiterzukommen. Diesen Mut möchte ich gerne allen Menschen machen. Auf diese Weise kann es uns gemeinsam immer mehr und besser gelingen, eine menschliche Welt zu ermöglichen.

K: An dieser Stelle will ich dir das „uns“ einmal verzeihen.

Anhang 2

Da mich das Thema Liebe wahrscheinlich bis ans Ende meiner Tage beschäftigen wird, konnte es nicht ausbleiben, dass ich mit meinem Kameraden **K** noch einmal etwas ausgiebiger darüber diskutierte.

H-P: Wusstest du, dass Hannah Arendt in ihrem Denktagebuch geschrieben hat, dass Liebe kein Subjekt hat und reine Passion ist, die einzig wirkliche Leidenschaft[4]?

K: Aber es heißt doch, dass Leidenschaft Leiden schafft, oder?

H-P: Nur dann, wenn die Leidenschaft aufhört, rein zu sein, entsteht Leid. Dann ist nämlich plötzlich ein Subjekt da, welches Widerstand leistet, indem es begehrt und haben will, und dadurch entsteht Leid.

K: Aber bei Liebe gibt es doch auch immer wieder Schmerz.

H-P: Schmerz ist nicht Leid, sondern Leid ist Schmerz multipliziert mit Widerstand, und wo kein Subjekt, da ist auch kein Widerstand und folglich kein Leid.

K: Klingt logisch. Aber wie ist eine so vollkommene Liebe möglich?

H-P: In ihrer Vollkommenheit ist Liebe natürlich eine Utopie. Sie ist das reine Loslassen, Geschehen-Lassen, absolute Offenheit und Achtsamkeit. In dieser Offenheit ist jede Perspektive unseres Daseins zugänglich, sodass alles Verstehen, wozu wir da sind, echt ist. Das lässt sich indirekt beweisen: wenn das Verstehen nicht echt wäre, gäbe es eine Täuschung, die allerdings, aus irgendeiner Perspektive betrachtet, verstehbar gewesen wäre. Da aber jede Perspektive zugänglich ist, haben wir hier einen Widerspruch: bei einer Täuschung wäre ich nicht offen für diese Perspektive gewesen. Ferner ist dieses Verstehen unmittelbar. Das folgt schon aus der Absolutheit, oder auch aus dem Verstehen selbst, da es ja offen und daher unabhängig bzw. durch nichts anderes vermittelt ist. Damit sind wir bei meiner Definition der vollkommenen Liebe aus meinem ersten Buch „Dasein, um zu lieben", das echte und unmittelbare Verstehen unseres Worumwillens.

K: Ha, jetzt bist du wieder vollkommen bei deiner Theorie. Ich muss dich aber unterbrechen und auf meine ganz praktische Frage zurückkommen, wie die Entwicklung unserer Liebesfähigkeit möglich ist bzw. wie wir uns der vollkommenen Liebe nähern können.

---

[4] Gleich am Anfang von Heft XI, September 1952, heißt es: „So wie Denken kein Objekt hat und daher reine Aktion ist, so hat Liebe kein Subjekt und ist reine Passion. In diesem Sinne gibt es nur eine wirkliche Leidenschaft, und das ist die Liebe, alle anderen sogenannten »Leidenschaften« sind Begierde …", und damit subjektive Reaktionen. Bei Begierde gibt es nämlich von Objekten getrennte Subjekte. Diese leiden unter der Trennung, das ist Passion, und streben danach, diese zu überwinden durch eine Aktion, die damit eine Reaktion ist.

H-P: Das geht nur über Handlungen der Liebe, die dein Selbst, dein Ego, dich als Subjekt oder, wie auch immer du es nennen willst, immer kleiner werden lassen.

K: Jetzt sag schon, und spann mich nicht immer so auf die Folter! Was sind Handlungen der Liebe?

H-P: Handlungen der Liebe sind alle Handlungen, die das Zusammenleben unter den Menschen harmonischer, friedvoller, freier machen, d.h. die Probleme und Konflikte untereinander, die immer entstehen können, lösbarer machen und immer besser lösen.

K: Das ist mir immer noch nicht konkret genug, da kann ich nichts mit anfangen.

H-P: Okay, die beiden Hauptprobleme im Miteinander von Menschen sind die Unwägbarkeit allen Handelns, d.h. ich weiß nie, was dabei herauskommt, wenn ich etwas initiiere, da noch andere mitmischen, die ich nicht vollkommen bestimmen kann, und zweitens die Unwiderruflichkeit, d.h. alles, was irgendeinen Einfluss gehabt oder Eindruck gemacht hat auf andere, kann ich nicht mehr rückgängig machen, höchstens im Nachhinein verändern. Das wäre dann aber eine neue Handlung. Handlungen, die diese Probleme wenigstens eindämmen, sind Handlungen der Liebe, und zwar in Bezug auf die Unwiderruflichkeit das Verzeihen und bezüglich der Unwägbarkeit das Versprechen-Geben und nach Möglichkeit auch Halten.

K: Gut, damit kann ich schon eher was anfangen. Aber kannst du einen Mord verzeihen?

H-P: Einen Mord kann niemand verzeihen, nur dem Mörder. Verzeihen bedeutet, es niemandem persönlich übelzunehmen. Da Liebe kein Subjekt hat, kann sie nichts persönlich übelnehmen. Und je mehr Versprechen du gibst und hältst, je zuverlässiger und voraussagbarer du bist, desto geringer ist dein Ego.

K: Gebe ich mich da nicht selbst auf und lasse mich treiben, schließe ich dann nicht die Augen vor allem? Man sagt doch, Liebe mache blind.

H-P: Im Gegenteil! Nicht die Liebe, nur die Verliebtheit macht blind. In der Liebe, in dieser absoluten Offenheit wäre ich auch offen für meine Regungen und Impulse. In diesem Loslassen und Geschehen-Lassen würde ich auch bei mir loslassen und geschehen lassen, d.h. ich wäre absolut spontan, echt und unmittelbar, auch in meinen Handlungen. Meine Handlungen hätten nur kein Subjekt, wären absolut selbstlos. Obwohl „Passion" und „passiv" wortverwandt sind, wäre ich nicht unbedingt passiv, sondern frei davon, aktiv oder passiv sein zu müssen. Mein Handeln wäre ein Handeln im Nicht-Handeln bzw. kein Handeln unter Zwang, sondern aus Liebe.

K: Wie heißt es doch in der Zauberflöte von Mozart? „Liebe ist eine Himmelsmacht.“ Und auch Hannah Arendt schreibt[5]: „Liebe ist eine Macht und kein Gefühl. Sie bemächtigt sich der Herzen, aber sie entspringt nicht im Herzen.“

H-P: Genau, und ich arbeite als Psychotherapeut gern mit dem Einstellungssatz: „Liebe bestimmt immer mehr mein Leben.“ Das ist dann keine Kapitulation, sondern das, was Selbsthilfegruppen wie die Anonymen Alkoholiker „Surrender“ nennen. Dadurch wird die alte Welt mit ihrer Sucht zerstört, und eine neue Welt wird erzeugt. Die schwierige Aufgabe besteht dann darin, diese Welt frei von Sucht zu halten.

K: Ich bin ja immer dafür, alles so konkret wie möglich zu machen. Schließlich beginnt mein Name ja auch mit „K“ wie „konkret“. Dazu könnten wir betrachten, wie andere Kulturen oder Menschen in der Vergangenheit versucht haben, ihre Liebesfähigkeit immer weiterzuentwickeln.

H-P: Damit wir uns nicht verzetteln, würde ich mich auf die beiden unserer Kultur zugrundeliegenden Strömungen beschränken, nämlich das im Neuen Testament dargelegte Christentum und die antike griechische Kultur.

K: Einverstanden. Das Christentum wird ja auch als Religion der Liebe bezeichnet, und bei den Griechen spielt die Philosophie, die Liebe zur Weisheit eine große Rolle. Und die Grundlage der Ethik von Kant, der Kategorische Imperativ, nach welchem wir stets mit anderen umgehen sollten, lässt sich einerseits aus dem christlichen „Liebe deinen Nächsten wie dich selbst“ herleiten und andererseits aus Platons Ideal eines Herrschers, der über andere so herrscht, wie er sich selbst beherrscht.

H-P: Ich staune, wie gut du dich in Philosophie auskennst. Andererseits hat die Philosophie als das Denken schlechthin kein Objekt, wie Hannah Arendt in meinem eingangs erwähnten Zitat schreibt, sondern nur ein Subjekt.

K: Damit ist Philosophie ja ein Gegenstück zur Liebe, die kein Subjekt, sondern nur Objekte hat. Die einzige Erklärung wäre da für mich, dass die Griechen die Subjektivität dadurch überwinden wollten, dass sie sich bis zum Äußersten mit dem Subjektiven beschäftigten, eine Art paradoxe Maßnahme, um sich der vollkommenen Liebe zu nähern, …

H-P: … während das Christentum dies ganz direkt anging: „Trachtet zuerst nach dem Reich Gottes und seiner Gerechtigkeit, dann wird euch alles andere dazugegeben.“ (Matthäus, 6, 33) Das Reich Gottes und seine Gerechtigkeit ist nur ein anderer Ausdruck für die vollkommene Liebe und für eine Gemeinschaft, in der vollkommene Liebe herrscht.

K: Das Verzeihen ist im Christentum ganz großgeschrieben, und wenn nach Römischem Recht – die Römer haben ja auf der griechischen Kultur aufgebaut – eine Tat

[5] Denktagebuch, Heft XVI, 3

gesühnt war, durfte dem Täter auch nichts mehr davon persönlich übelgenommen werden.

H-P: Versprechen zu geben und zu halten, war sowohl bei Griechen wie bei Römern zentral, sonst hätten die Römer so ein Riesenreich niemals beherrschen können, und den Anfang des Johannesevangeliums „Im Anfang war das Wort", kann man auch so interpretieren, dass „Wort" die Bedeutung von „Versprechen" hat.

K: Die Griechen haben ja drei verschiedene Wörter für Liebe: Agape, Eros und Philia. Sie müssen sich also schon sehr differenziert mit dem Thema auseinandergesetzt haben.

H-P: Stimmt. Agape stammt aus dem Christlichen und bezeichnet das Liebesmahl. Griechisch „agapein" bedeutet „auf sich beruhen lassen", d.h. man verzeiht sich gegenseitig und trifft sich friedlich und in Harmonie zum gemeinsamen Mahl mit gegenseitigem Geben und Nehmen. Eros ist die partnerschaftliche Liebe, die mit dem Versprechen verknüpft ist, zueinander zu halten, sich treu zu bleiben und sich gegenseitig zu unterstützen in guten wie in schlechten Zeiten. Und Philia ist die tätige Liebe, wenn man zusammen mit Freunden sich für etwas engagiert, wie etwa bei Aristoteles in der Nikomachischen Ethik beschrieben, wenn zwei Freunde in einer idealen Freundschaft sich gegenseitig dabei unterstützen, ihre Tugend immer weiterzuentwickeln, um ein glückliches bzw. geglücktes Leben zu führen. Dadurch werden zwischenmenschliche Probleme immer lösbarer und besser gelöst.

K: In ihrer Gesamtheit betrachten diese Begriffe das Thema der vollkommen Liebe auch von allen Seiten bezüglich der Zeit: Agape beschreibt das Verzeihen der Vergangenheit, Eros das Versprechen für die Zukunft und Philia das liebevolle, selbstlose Handeln in der Gegenwart.

H-P: Jawohl. Also handeln, let´s do it! Yes, we can, oder: Wir schaffen das.

K: Jetzt fehlt nur noch: Why don´t we do it on the road?

H-P: Ja, ganz offen, in aller Öffentlichkeit zur Liebe aufrufen, wie mit diesem Buch.

K: Damit immer mehr Menschen sagen: „Liebe bestimmt immer mehr unser Leben."

H-P: Diesen Menschen verzeihst du dann das „uns".

K: Ja, denn das ist Pluralität. In der Philosophie mag man von „dem Menschen" reden, aber in der Praxis gibt es immer mehrere Menschen, die zusammen handeln.

H-P: Das „Wir" ist aber auch ein Versuch, Einheit in die Vielheit zu bringen, aus den Vielen ein System zu machen und wie Kant und Hegel der Menschheit die Vernunft gegenüberzustellen. Das System der Menschheit versucht vernünftigerweise und teilweise auch mit List, immer wieder irgendein Gleichgewicht oder eine Ordnung herzustellen. Bei uns selbst finden wir ja auch eine gewisse Pluralität. Goethe lässt z.B.

Faust sagen: „Zwei Seelen wohnen, ach, in meiner Brust“, und der Philosoph Precht fragt sich: „Wer bin ich – und wenn ja, wie viele?“ Manche Psychotherapeuten sprechen auch von der inneren Familie.

K: Du musst auch immer wieder das letzte Wort haben, und dazu noch so ein hoch geistiges.

MIX
Papier aus verantwortungsvollen Quellen
Paper from responsible sources
FSC® C105338

Printed by Books on Demand GmbH, Norderstedt / Germany